경주
역사를
품은 여행

경주,
역사를 품은 여행

초판 1쇄 인쇄일 2023년 4월 10일
초판 1쇄 발행일 2023년 4월 20일

지은이 심상섭
펴낸이 양옥매
디자인 표지혜 송다희
교 정 조준경
마케팅 송용호

펴낸곳 도서출판 책과나무
출판등록 제2012-000376
주소 서울특별시 마포구 방울내로 79 이노빌딩 302호
대표전화 02.372.1537 **팩스** 02.372.1538
이메일 booknamu2007@naver.com
홈페이지 www.booknamu.com
ISBN 979-11-6752-285-6 (03910)

경주
역사를
품은 여행

문화유적 답사 기행의 길잡이

심상섭 · 지음

책과나무

나에게 문화유저은 설렘이다. 멋진 유물을 볼 때마다 가슴이 설렌다. 그런 세월이 참으로 많이도 흘렀다. 또한 내가 카메라를 잡은 지도 30년이 넘었다. 운명일까, 아니면 필연일까? 자연스레 문화유적을 사진으로 담는 사진작가가 되었다.

사진에 대한 깊이가 더해지면서 역사를 어려워하는 독자들을 위해, 나의 첫 번째 책인『역사의 흐름을 담은 사진』을 출판하게 되었다. 이 책은 역사의 흐름을 효율적으로 파악할 수 있도록 사진과 함께 핵심적인 내용을 중심으로 간략하게 정리되어 있다.

그리고 자세한 설명이 필요한 독자와 여행자를 위해, 나의 두 번째 책인『역사를 품은 여행』을 출판하게 되었다. 이 책에서는 역사를 공부하는 학습자와 여행을 좋아하는 독자들에게 도움이 될 수 있는 문화유적을 선별했다. 그러다 보니 전국적으로 여러 지역에 분포되어 있는 문화재를 소개했다.

이제 특정 지역에 대한 깊이 있는 고찰로 지역적인 특수성을 알리고 싶어 세 번째 책을 구상하게 되었다.

나는 한때 경주에 대해 관광객이 많은 상업적 도시라 여겨, 별로 관심을 두지 않았던 적이 있었다. 하지만 경주의 매력에 빠지면서 이제 틈만 나면 나의 발걸음은 경주로 향한다.

경주는 천년고도였기에 문화유적이 곳곳에 산재해 있다. 경주의 문화유적을 모두 답사하기 위해서는 기본적으로 일주일 이상은 소요된다. 이처럼 무수히 많은 문화재를 한 권의 책으로 전부 소개한다는 것은 다소 무리가 있다. 따라서 부득이하게 이 책에서 소개하지 못하는 문화유적도 있음을 양해해 주기 바란다.

경주를 이야기하고자 할 때, 그 으뜸이 되는 곳이 경주 남산이다. 경주 남산은 해발 500m가 채 되지 않는 그다지 높은 산은 아니지만, 골짜기가 많으며 골이 깊은 편이다. 신라 시대에는 경주 남산에서 불국정토의 이상을 실현하고자 했다. 그래서 경주 남산에는 147개의 절터가 있어 '노천 박물관'이라 할 정도로 문화재가 많이 산재해 있다.

경주 남산에는 43개의 골짜기에 불상 129구, 탑 99기, 석등 22기 등 무수히 많은 유물이 분포하고 있다.『삼국유사』에는 경주 남산을 두고 '사 사성장 탑탑안행(寺寺星張 塔塔雁行)'이라고 표현했는데, '절 집의 불빛은 별빛처럼 빛나고, 탑들은 기러기처럼 줄지어 서 있다.'는 뜻이다. 그만큼 사찰과 탑이 많다는 이야기다. 그래서 이 책에서도 경주 남산에 대한 비중이 높을 수밖에 없었다. 참고로 유물 등의 숫자는 헤아리는 기준에 따라 다소 차이가 있을 수 있음을 밝혀 둔다.

경주 남산이라고 표현했지만, 꼭 산행을 해야만 유적을 만날 수 있는 것은 아니다. 이 책에서는 경주 남산을 크게 동남산권과 서남산권으로 구분 짓고, 답사하는 동선을 고려해서 편의적으로 단락을 편성하였다. 동남산권에 속하는 유적은 대부분 산행을 하지 않아도 만날 수 있다. 단, 칠불암 코스는 산행을 해야 하지만, 만족도가 매우 높은 코스이기에 선택하면 후회하지 않을 것이다.

그리고 서남산권 중에서도 산행을 하지 않아도 되는 유적이 많지만, 삼릉골에서 용장골로 넘어가는 답사길은 부득이하게 산행을 해야 한다. 하지만, 남산에서 가장 많은 유물을 만날 수 있기 때문에 답사의 필수 코스로 손꼽힌다.

그리고 남산권 이외에는 시내권역과 외곽권역으로 구분 지었다. 이 경우도 뚜렷한 경계를 가지고 구분 지은 것이 아니라, 답사 동선을 고려하여 편의적으로 편성한 것이다.

'제1부 일출을 보다'는 동남산권과 낭산권을 중심으로 하고 있으며, '제2부 석양을 보다'는 서남산권을 중심으로 하고 있다. '제3부 미소를 보다'는 경주 시내권을 중심으로 하고 있으며, '제4부 용을 보다'는 경주 외곽권을 중심으로 한다.

사실 경주는 세계 어느 도시와 견주어도 손색이 없을 만큼 문화유적이 많은 역사 유적 도시이다. 따라서 경주에 대한 책들이 이미 출판되어 있다.

그럼에도 내가 경주에 대해 답사 기행을 쓰게 된 것은 경주의 문화유적을 전문 지식이 없는 일반 답사객이 쉽게 받아들이고 이해할 수 있도록 하기 위함이다. 문화유적에 대해 필요 이상의 전문적인 지식을 서술하기보다는, 일반 독자들의 입장에서 필요한 지식을 습득할 수 있는 수준으로 이 책을 쓰고자 했다.

너무 전문가 수준의 용어와 내용으로 서술하다 보면 일반 독자들은 내용을 이해하지 못해 건성으로 책을 읽게 된다. 따라서 알고 있으면 좋을 만한 내용을 중점으로 이해하기 쉬운 수준으로 책을 쓰고자 했다. 전문 용어는 설명을 곁들여 쉽게 받아들일 수 있도록 하였으며, 흥미를 가질 수 있도록 하는 데 중점을 두었다.

경주, 역사를 품은 여행

문화유적에 대한 시각적인 효과를 가미하기 위해 사진을 충분히 싣고자 했다. 또 문화재가 지니고 있는 핵심 내용을 효율적으로 파악할 수 있는 사진들을 게재하고자 했다. 이런 사진을 얻기 위해서는 빛의 원리를 알아야 한다.

'조각품은 빛의 예술이다.'라는 말이 있다. 조각품은 적절한 각도에서 빛을 받을 때 사실적으로 살아나게 된다. 따라서 시기와 시간을 맞추기 위하여 여러 번의 답사를 통해 얻은 사진들이 많다. 마음에 드는 좋은 사진을 얻기 위해서는 그만큼의 노력이 필요하다는 것이다.

또한, 자연과 어우러지는 문화유적의 아름다움을 느낄 수 있는 작품 사진도 많이 실었다. 한 장의 작품 사진을 촬영하기 위해 같은 장소를 수없이 찾기도 했다. 이런 작품 사진을 따라 인생 사진을 찍는다면 기억에 남는 알찬 여행이 될 것이다.

'인간은 추억을 먹고 산다.'는 말이 있다. 그리고 추억을 남기는 것은 사진이다. 멋진 사진 한 장은 영원히 기억에 남을 추억이 될 것이다. 따라서 이 책에 실린 사진을 참고하여 멋진 인생 사진을 남겨 보길 바란다.

아무쪼록 여행자뿐만 아니라 역사 학습을 하는 독자들이 경주의 문화유적에 대해 친근감을 가지는 계기가 되면 좋겠다. 끝으로, 이 책을 통해 천년 역사를 간직한 신라의 숨결을 느껴 볼 수 있기를 기대해 본다.

2023년 4월

심상섭

2 석양을 보다

3 미소를 보다

4 용을 보다

1

일출을 보다

동남산권

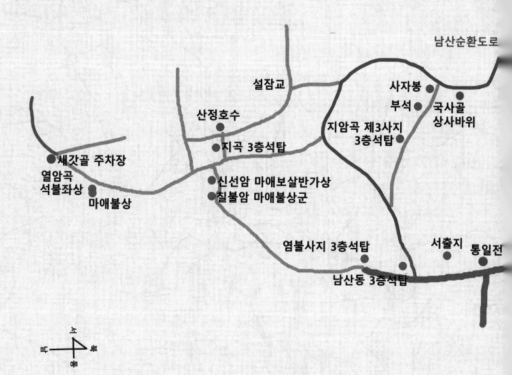

남산순환도로

설잠교

사자봉
부석
국사골
상사바위

산정호수

지암곡 제3사지
3층석탑

지곡 3층석탑

새갓골 주차장

열암곡
석불좌상

마애불상

신선암 마애보살반가상
칠불암 마애불상군

염불사지 3층석탑

서출지
통일전

남산동 3층석탑

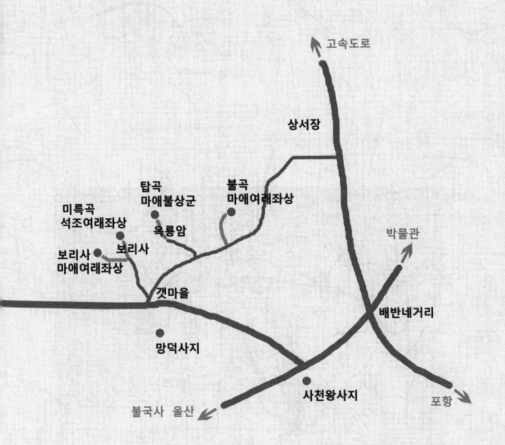

은은한 미소의 할매부처

불곡 마애여래좌상

　일반적으로 동남산 답사길은 불곡 마애여래좌상에서부터 시작하면 된
다. 불곡 마애여래좌상은 7세기 초에 조성된 것으로, 신라에서 가장 오
래된 불상이다. 석굴처럼 감실을 만들어 조성된 불상이기 때문에 일명
'감실부처'라고도 하고, 인자하신 할머니의 모습을 닮았다고 해서 '할매부
처'라고도 한다.

● **불곡 마애여래좌상** | 동남산 부처골

● 불곡 마애여래좌상 | 동남산 부처골

　우리나라는 단단한 화강암이 많아서 인도나 중국처럼 자연암반을 파내어 조성하는 석굴 사원이 거의 없는 편이다. 이런 상황 때문에 '감실 할매 부처'가 유명세를 타는 것이다. 그리고 이 불상은 선덕여왕을 모델로 삼아 조성했다는 주장도 있지만 확실치는 않다.

　가사는 양어깨 위에 걸쳐 입은 통견을 하고 있으며, 옷자락이 물결처럼 부드럽게 조각되어 전체가 아름답게 조화를 이루고 있다. 두 손은 옷자락에 덮여 표현되지 않았으며, 다리는 가부좌를 하고 있다. 발은 오른발만 표현되어 있는데, 유난히도 크게 표현된 것이 특징이다.

　또한, 두 눈을 완전히 감고 깊은 생각에 잠겨 있는 듯한 모습으로 앉아 계신다. 이처럼 눈을 감고 있는 듯이 표현된 불상은 통일기 이전의 불상

● 불곡 마애여래좌상 ｜ 동남산 부처골

경주, 역사를 품은 여행

● 불곡 마애여래좌상 ┃ 동남산 부처골

에서만 나타난다. 따라서 불곡 마애여래좌상과 같이 눈이 부어 있는 것처럼 표현하는 방식은 흔히 볼 수 있는 것이 아니므로, 눈여겨볼 만하다.

그리고 감실에 있는 불상이라 얼굴에 빛이 들어오는 시기가 많지 않다. 하지만, 남중고도가 낮은 동지 즈음에는 얼굴에 햇살이 최대로 들어오기 때문에 은은한 미소를 짓는 아름다운 모습을 볼 수 있다. 그래서 나는 동짓날을 기다린다.

탑곡 마애불상군

옥룡암 뒤편에 솟은 바위 암벽에는 사방으로 돌아가며 부처상과 목탑 등이 새겨진 마애불상군이 있다. 이 탑곡 마애불상군처럼 많은 불상들이 한곳에 새겨져 있는 모습을 흔하게 접할 수 있는 것은 아니다.

탑곡 마애불상군은 거대한 바위의 4면에 부처상 · 보살상 · 스님상 · 비천상 등 23구의 인물상과 목탑 · 사자 · 능수버들 · 대나무 등이 빈틈없이 조각되어 있다. 이 바위에 새겨진 조각상은 총 34점으로 알려져 있다.

● 탑곡 마애불상군 | 남쪽 면

● 탑곡 마애불상군 | 북쪽 면

　옥룡암이 있는 이 골짜기는 불상이 많기 때문에 '불곡'이라 부를 것 같
지만, 이곳은 불곡이 아니라 '탑곡'이라 부른다. 불상군 남쪽에 3층 석탑
이 있고, 바위 북쪽 면에는 2기의 목탑이 새겨져 있기 때문이라고 한다.

　그리고 남쪽에는 마애불상 이외에 석조여래입상이 한 분 있는데, 유심
히 살펴보면 특이점을 발견할 수 있다. 몸체와 대석은 다른 돌로 만들었
으며, 발은 대석 위에 새겨 놓았다. 두광과 얼굴 일부가 파손되어 있어
어떤 부처님인지는 단정하기 어렵지만, 볼록한 가슴에 잘록한 허리로 보

● 탑곡 마애불상군 | 동쪽 면

아 여성처럼 보인다. 또한, 약간 볼록하게 나온 느낌의 아랫배에 왼쪽 손
바닥을 살짝 가져다 대고 있는 모습이 임신을 하고 있는 여인처럼 보이
기도 한다.

　이 불상 앞에는 네모난 돌이 하나 놓여 있는데, 그 윗면에 작은 돌을 갈
면서 아들 낳기를 소원하면 들어준단다. 이 불상은 아들 낳기를 원하는
여인들이 와서 소원을 비는 기도처였던 것이다.

　아들 출산과 관련해서 이 불상의 뒷면에도 비밀이 숨어 있다. 이 불상

● 탑곡 석조여래입상 | 탑곡 마애불상군 남쪽

● 탑곡 석조여래입상 │ 돌을 갈면서 아들 낳기를 소원
하는 모습

은 뒤에서 보면 남근석을 연상케 한다. 우리 옛 여인들은 아들 낳기를 소원하면서 남근석에서 기도를 하기도 했다. 그래서 이 불상은 아들 출산을 도와주는 부처인 '안산불'이라고도 한다.

무심코 지나치면 걸림돌에 지나지 않을 불상 앞쪽에 놓여 있는 돌이, 아들을 간절히 바라는 여인들에게는 신성한 기도용으로 사용되었던 것이다. 또 불상의 앞면만 보고 가는 사람들은 몰랐을 뒷면의 비밀인 남근석 모양도 관심 있게 볼 필요가 있겠다. 이처럼 문화재 속에 숨어 있는 의미를 파악하고 이해하면서 본다면 더욱 뜻깊은 답사가 될 것이다.

마애불상군으로 유명한 옥룡암은 가을날 단풍이 물들면 화려한 비단옷을 입은 듯한 아름다움을 볼 수 있는 곳이다. 사찰 입구부터 마당까지 붉게 물든 단풍은 형용할 수 없는 아름다움 그 자체이다.

또한, 옥룡암은 명량법사가 머물렀다고 전해지는 신인사로 추정되는

경주, 역사를 품은 여행

● **옥룡암** | 동남산 탑곡

곳이기도 하다. 명랑법사는 나당전쟁 때 문두루비법으로 당나라 군사를 수장시켜 당을 물리치게 했던 신통력을 가진 사람이다. 문두루비법은 부처님의 힘을 빌려 외적을 물리치게 하는 불교 의식이지만, 정확한 의식 내용은 전해지고 있지 않다.

가장 아름다운 불상

미륵곡 석조여래좌상

불곡 마애여래좌상과 탑곡 마애불상군을 답사한 후 통일전 방향으로 조금만 가다 보면 '갯마을'이라는 마을이 나온다. 처음 봤을 때는 '이 내륙에 왜 이런 이름이 붙은 거지?'라는 생각이 들 수도 있다. 옛날에는 여기까지 나룻배가 들어왔기 때문에 붙여진 이름이란다.

이 갯마을 안쪽에는 남산 일대에서 가장 큰 절에 속하는 보리사가 있다. 현재의 모습은 근세에 와서 다시 지은 건물들이다.

● 미륵곡 석조여래좌상 │ 동남산 보리사

● 미륵곡 석조여래좌상 | 동남산 보리사

이 사찰은 비구니들이 수도를 하고 있는 절이라 그런지 깔끔하면서도 아늑한 느낌이 든다.

보리사에는 통일 신라를 대표하는 불상 중의 하나인 '미륵곡 석조여래좌상'이 있다. 처음 봤을 때부터 석굴암 본존불에 버금간다는 느낌이 들 정도로 아름다운 불상이다. 몸에 비해 머리가 다소 크게 조성되어 있는데, 그것은 기도를 드리는 사람의 위치에서 보았을 때 균형이 맞게 보이도록 하기 위한 배려이다.

그리고 미륵곡 석조여래좌상은 남산의 석불 가운데 미소가 가장 아름다운 불상이다. 개인적인 생각으로는 신라 불상 중에서 이보다 더 아름다운 미소를 가진 불상은 없다고 여겨질 정도다. 온화한 미소와 인자한 표정 때문에 한참을 머물게 된다. 이 불상은 우뚝 솟은 코와 준수한 외모 때문에 일명 '잘생긴 불상'으로 불리기도 한다. 또 모든 조건을 고르게 갖춘 걸작으로 많은 사람들의 사랑을 받고 있다.

이 불상은 남산 일대에서 가장 화려하고 아름다우면서도, 상태가 가장 양호하다. 사실 남산 일대의 석불들은 머리가 없거나 파손된 흔적이 있는 것들이 대부분이다. 그에 비해 이 석불좌상은 광배가 부러진 흔적은 있지만, 머리 등이 파손된 흔적 없이 온전한 상태로 남아 있다.

예전에는 여인들이 불상의 코를 갈아 마시면 아들을 낳는다는 속설 때문에 코가 없어진 석불들이 많이 있다. 그래서 이 석불좌상처럼 코까지도 온전한 경우는 극히 드문 사례이다.

또한, 광배 뒷면에는 질병에서 벗어나게 한다는 약사여래불이 선각으로 새겨져 있는데, 이러한 형식도 보기 드문 특이한 경우이다. 그리고 앞면의 석조여래좌상은 8세기 후반, 뒷면의 약사여래불은 9세기 말에 조성된 것이다. 즉, 석조여래좌상을 조성한 후 100여 년이 흐른 뒤 광배 뒷면에 약사여래불을 새겨 넣은 것이다.

일제는 조선의 식민통치 5주년을 기념하기 위해, 1915년 경복궁에서 '시정오년기념 조선물산공진회'라는 산업 박람회를 열었다. 조선의 발전된 각종 문물과 우수한 우리 문화재들을 전시함으로써 조선이 일본 덕분에 발전했다는 것을 선전하고, 또 식민통치의 정당성을 알리기 위한 것이었다. 이 박람회를 위해 전국에 있던 예술적·문화적 가치가 높은 유물들을 경복궁으로 가져갔다.

이때 미륵곡 석조여래좌상도 차출 대상에 포함되었지만, 강력한 반발로 경복궁으로 가져가는 것을 막을 수 있었다. 이 불상은 제자리에서 온전하게 보존될 운명을 가지고 이 세상에 출현한 것일까? 조선물산공진회 때 차출 대상에 포함되었지만 제자리를 떠나지 않았고, 또 남산의 많은 석조 불상들이 수난을 당했지만 온전한 상태로 보전되고 있는 것은 참 고마운 일이다. 미륵곡 석조여래좌상을 볼 때마다 '유물에도 타고나는 팔자가 있다.'는 생각이 들기도 한다.

● 미륵곡 석조여래좌상 ｜ 동남산 보리사

아침 햇살을 머금다

보리사 마애여래좌상

보리사 마애여래좌상은 보리사 주차장에서 왼쪽으로 난 오솔길로 조금
만 올라가면 나온다. 경사가 급하지만 한걸음에 갈 수 있는 곳이기에 꼭
한번 올라가 보기를 권하고 싶다.

9세기 말에 조성된 마애불로, 앞쪽으로 기울어진 바위 면에 약간의 감
실을 만들어 조각해 놓았다. 이 감실을 광배로 삼은 것처럼 보인다. 머리
부분은 돋을새김으로 조각했지만 가부좌한 다리 쪽으로 내려갈수록 선

● **경북 천년숲정원** │ 마애불에서 내려다본 모습

● 보리사 마애여래좌상 │ 동남산

● 보리사 마애여래좌상 | 동남산

각에 가깝게 표현되어 있다. 대좌 부분은 약한 선각으로 처리하였는데, 이는 부처님이 바위 속에서 나타나는 극적인 순간을 표현하고자한 것으로 여겨진다.

마애불이 위치한 곳은 지대가 높아서 저 멀리 보문들판과 낭산이 한눈에 들어오는 곳으로 전망이 아주 좋다. 또한, 바로 아래에는 '경북 천년 숲정원'이 있어 아름다운 수목원도 볼 수 있다.

그리고 불상 아래쪽이 급경사로 되어 있어 하늘에 떠 있는 느낌을 갖게 하기도 한다. 대좌의 연꽃이 연하게 처리되어 있어 이런 느낌을 더 들게 하는지도 모른다. 따라서 마치 높은 곳에서 서라벌 중생들을 굽어보고 계시는 부처님을 보는 듯하다.

큰 불상도 아니고 화려하지도 않지만, 온화한 미소를 머금은 모습과 앞에 펼쳐진 광경 때문에 마음이 편안해져 한참을 머물게 하는 불상이다.

불상은 빛이 비치는 방향에 따라 표정이 달라진다. 또 이러한 조각품들

경주, 역사를 품은 여행

● **경북 천년숲정원** ｜ (구)경북 산림환경연구원

은 선각이 잘 보이는 빛의 방향이 있다. 그래서 시기와 시간을 잘 선택해야 온화한 미소를 머금은 모습과 선각이 또렷한 모습을 만나 볼 수 있다. 특히, 이 불상처럼 선각이 약한 조각품들은 빛의 선택이 더 중요하다.

이 마애불은 아침 햇살을 머금을 때 은은한 미소와 선각이 선명한 모습을 볼 수 있다. 그리고 마애불의 은은한 미소를 보면, 일상에서 지친 심신이 편안해지는 느낌을 받게 될 것이다. 또 화려함이 아닌 은은함의 매력을 느끼게 될 것이다.

사시사철 아름다운 연못

서출지

통일전 바로 옆에는 서출지라는 연지가 있다. 『삼국유사』에는 서출지와 관련된 설화가 소개되어 있다. 따라서 이 연못은 신라 시대에도 존재했을 정도로 오랜 역사를 간직하고 있음을 알 수 있다. 또 서출지는 계절마다 색다른 모습을 보여 주기 때문에 언제 찾아가도 매력을 느끼게 된다.

설화 내용은 다음과 같다. 소지왕이 488년 정월 대보름날에 궁궐 밖으로 행차를 하고 있을 때, 쥐와 까마귀가 나타나 울더니 쥐가 "이 까마귀를 따라가라."고 했다. 왕은 이를 이상히 여겨 장수를 시켜 따라가게 했다.

양피촌 못가에 이르자, 갑자기 못 가운데서 한 노인이 나타나 장수에게 봉투를 건넸다. 왕이 봉투를 받아 보자 겉면에는 '열어 보면 두 사람이 죽고, 보지 않으면 한 사람이 죽는다.'고 적혀 있었다.

왕이 두 사람보다는 한 사람이 죽는 것이 나을 것 같다고 하자, 신하는 두 사람은 백성이고 한 사람은 왕을 가리키는 것이니 열어 보는 것이 좋겠다고 했다. 왕이 신하의 조언대로 봉투를 열자, '거문고 갑을 쏘아라.'고 적혀 있었다.

궁궐로 간 왕은 거문고를 보관하는 상자인 거문고 갑을 향해 활을 쏘았다. 그러자 거문고 갑 속에는 왕실에서 불공을 드리는 승려가 죽어 있었다. 승려는 왕비와 짜고 소지왕을 해치려고 한 것이었다. 따라서 왕비도 처형되고 말았다.

● 서출지 | 남산동

    왕은 노인이 건네준 봉투 덕분에 죽음을 면하게 된 것이다. 그 후 이 연못은 글이 적힌 봉투가 나온 곳이라 해서 '서출지'라 부르게 되었다.

    신라는 527년 법흥왕 때 이차돈의 순교로 불교가 공인되었다. 소지왕 때, 신라 귀족들은 민간신앙, 특히 조상을 섬기는 신앙이 강해 불교를 인정하지 않았다. 서출지 전설은 전통적인 민간신앙 속에 새로운 불교가 전래되는 과정에서 빚어지는 갈등의 한 단면을 보여 주는 것이다.

    서출지 둑 위에는 오래된 소나무들이 늘어서 있어 운치가 있다. 또 배롱나무가 심어져 있어 여름이면 붉은 꽃이 수를 놓고, 가을이면 단풍이 물들어 또다시 화려함을 자랑한다. 그리고 여름이면 연못에는 연꽃이 반발하고, 겨울이면 말라 버린 연밥과 줄기가 기하학적인 문양으로 또 다

● 서출지 | 남산동

른 아름다움을 선사한다. 그래서 규모가 크지는 않은 편이지만 사시사철 아름다움을 간직하고 있는 연못이다.

또한, 서출지를 돋보이게 하는 것은 연못가에 있는 '이요당'이다. 소박하면서도 우아한 자태를 유지하고 있어 연못의 경관을 더욱 아름답게 보이게 한다. 이요당은 1664년 '임적'이라는 선비가 건립한 정자이다. 물 위로 누마루를 돌출시켜 자연과 조화를 이루도록 했다. 선비들은 이 누마루에 올라 글을 읽고 또 경관을 즐겼을 것이다.

따라서 이요당과 서출지는 별개로 볼 것이 아니라, 전체를 하나의 정원으로 인식하면 될 것 같다. 연못과 소나무 그리고 팽나무 고목과 배롱나무가 어우러져 있기 때문에 서출지는 최고를 자랑할 수 있는 것이다. 즉,

경주, 역사를 품은 여행

● 서출지 | 남산동

정자와 주변의 환경이 만들어 내는 절묘한 조화에 그 매력이 배가된다.

그리고 저녁이 되면 이요당과 연못가에 조명이 들어온다. 이때 연못에 비친 이요당의 반영은 더 이상 형용할 수 없는 아름다운 자태를 드러낸다. 그래서 요즘은 야경 촬영지로도 각광받고 있다.

특이한 이란성 쌍둥이

남산동 동·서 3층 석탑

● 팔부중상 | 남산동 서 3층 석탑

통일전을 지나 조금만 더 안쪽 마을로 들어가면 양피지라는 연못이 나온다. 그 앞쪽의 양피사지로 추정되는 절터에 양식이 서로 다른 두 기의 석탑이 서 있다.

서쪽 탑은 언뜻 어디서 많이 본 듯한 모습이지만, 동쪽 탑은 먼저 기단의 형태에서 생소하게 느끼는 사람들이 많을 듯한 모습이다. 또 서탑은 부드럽지만 화려하여 여성스럽고, 동탑은 투박하지만 힘이 있어 남성답

● 남산동 서 3층 석탑 | 동남산

게 보이기도 한다.

　대부분의 쌍탑들은 쌍둥이처럼 비슷한 모양인 데 반해, 남산동 동·서 3층 석탑은 불국사의 다보탑과 석가탑처럼 형태가 각각 다른 것이 특징이다. 경주에는 쌍탑이 여러 곳 있지만 대부분은 탑의 형태나 크기가 유사하다. 따라서 두 탑의 모양이 다르게 축조된 점은 특이하다고 할 수 있다.

　서탑은 전형적인 통일 신라의 석탑 양식으로 석가탑을 닮았으며, 조화와 균형미를 갖춘 아름다운 탑이다. 기단부는 2중 기단으로 된 일반적인 양식이지만, 상층 기단에 팔부중상이 조각되어 있는 것이 석가탑과의 차이점이다. 팔부중상은 불법을 수호하는 호법신이다.

　탑신부의 몸돌과 지붕돌은 각각 하나씩의 돌로 조성되어 있다. 지붕돌의 받침면은 층층이로 되어 있으며, 윗면인 낙수면은 부드럽고 유연하게

● 남산동 서 3층 석탑 │ 동남산

흘러내린다. 또 처마는 살짝 들려 경쾌한 느낌이 나도록 했다. 그리고 각 층의 체감 비율이 맞아 안정적이고 균형감을 주는 걸작이다. 상륜부는 노반만 남아 있다.

　동탑의 기단부는 바닥돌인 지대석 위에 8개의 돌덩이를 4개씩 2단으로 쌓아 육면체의 기단을 조성한 것이다. 이런 특이한 양식의 기단부는 경주 지역에서만 볼 수 있다. 동탑도 탑신부의 몸돌과 지붕돌이 각각 하나씩의 돌로 조성되어 있다.

　그리고 이 탑은 지붕돌의 낙수면이 층층이로 된 계단식으로 조각되어 있는 것이 특이점이다. 이런 모양 때문에 '모전석탑'이라고 지칭하는 경우가 있는데, 다소 어색한 표현이라 생각된다.

경주, 역사를 품은 여행

● 남산동 동 3층 석탑 ｜ 동남산

　전탑이나 모전석탑은 벽돌이나 벽돌 모양의 돌로 낙수면을 층층이 계단식으로 쌓은 것이고, 남산동 동 3층 석탑은 지붕돌의 낙수면을 계단 모양으로 조각한 것이다. 따라서 남산동 동 3층 석탑은 일반 석탑 계열에 속하기 때문에, '모전석탑 양식을 띤 석탑' 정도로 지칭하는 것이 맞을 듯하다.

　전탑은 흙을 구워서 만든 벽돌로 쌓은 탑이며, 모전석탑은 돌을 벽돌 모양으로 다듬어서 쌓은 탑이다. 모전석탑은 전탑을 모방했다고 해서 붙여진 이름이다.

　남산동 동 3층 석탑은 일반적인 양식에서 다소 벗어난 특이한 형식을 지니고 있지만, 엄연히 일반 석탑에 속한다. 따라서 모전석탑과는 구별되어야 한다.

염불사지 동·서 3층 석탑

　동남산 기슭에 피리사라는 절이 있었다고 한다. 이 절의 스님은 매일같이 낭랑한 목소리로 아미타불을 염불하였는데, 그 소리가 서라벌에서 들리지 않는 곳이 없었다고 한다. 그래서 모두가 그를 공경하여 '염불스님'이라 불렀으며, 그가 죽자 피리사를 '염불사'로 고쳐 불렀다고 한다.

　염불사지에는 서로 닮은 2기의 쌍탑이 서 있다. 이 석탑들은 불국사 석가탑과 같은 시대인 8세기 중엽에 세워진 것으로 추정된다. 언뜻, 이 석탑들은 마치 석가탑을 보고 있는 듯한 착각이 들 정도로 닮은 모습으로, 전형적인 통일 신라의 3층 석탑 양식을 띠고 있다. 하지만 바닥돌인 지대석에서 석가탑과는 확연하게 차별화되는 특이점을 가지고 있다.

　이 석탑은 다른 석탑들과는 달리, 바닥돌인 지대석에 해당되는 부분이 본래는 자연스런 바위처럼 된 돌무더기로 되어 있었다. 그런데 2009년에 복원하면서 돌무더기 대신 네모반듯하게 깎은 돌로 축대를 쌓았으며, 그 위에 탑을 세워 놓았다. 본래의 모습은 잃어버렸지만, 또 다른 특이점을 가지게 된 것이다.

　그리고 이 탑을 복원할 때, 스리랑카의 종교부장관이 부처님 진신사리를 직접 모시고 와서 봉안해 놓았다고 한다.

　염불사지 동·서 3층 석탑은 석가탑에 버금가는 뛰어난 체감 비율과 장중한 기품이 느껴지는 우수한 걸작에 속한다. 또 간소하면서도 세련미를

● 염불사지 3층 석탑 | 동남산

느낄 수 있으며, 균형과 비례가 맞는 아름다움을 지니고 있는 석탑이다.

　그리고『삼국유사』에 의하면, 서라벌에 17만 8,936호가 있었다는 기록이 나온다. 옛날에는 자녀들이 보통 4~5명 정도는 되었으니, 가구당 6명이 살았다고 가정하면 전성기 때 서라벌에는 100만 명 정도는 살았을 것으로 추정된다.

　서라벌의 영역은 현재의 경주 시가지뿐만 아니라 주변의 평야지대인 건천·내남·천북·보문 등을 포함하는 지역으로 보는 것이 일반적인 추정이다. 이 지역들까지 주거지가 형성되었다면 충분히 100만 명이 살 수 있는 도시가 되는 것이다. 그렇다면 그 당시의 서라벌은 콘스탄티노플, 중국 장안과 더불어 세계 3대 도시에 해당되는 거대 도시였다.

칠불암 마애불상군

경주 남산에는 147곳의 절터에 불상 129구, 석탑 99기, 석등 22기 등 무수히 많은 유물들이 산재해 있다. 그중에서 국가지정문화재로는 국보 1점과 보물 16점 그리고 사적 15개소가 있다. 남산에 있는 수많은 문화재 중에서 유일한 국보가 바로 칠불암 마애불상군이다.

칠불암 마애불상군은 8세기 초반에 조성된 것으로 절벽 바위 면에 삼존불이 새겨져 있으며, 그 앞에 솟아 있는 네모난 바위에 사면불을 새겨 놓았다. 따라서 이들을 모두 합치면 칠불이 된다. 이 일곱 분의 불상 때문에 근대에 와서 사찰을 새로 짓고 '칠불암'이라 부르게 된 것이다.

삼존불은 바위의 전면을 오목하게 파내고 높은 돋을새김으로 조각되어 있다. 마애불이지만 입체상으로 보일 정도로 높게 돋을새김을 한 것이 특징이다. 본존불은 연꽃대좌 위에 앉아 있는 좌상이며, 좌우 협시보살은 복련 위에 서 있는 입상이다.

마애불의 조각 기법 가운데 일반적으로 선을 그은 것 같은 기법을 '선각', 입체상처럼 입체감이 있는 기법을 '돋을새김'이라 한다. 돋을새김은 돋아 있는 정도에 따라 '얕은 돋을새김'과 '높은 돋을새김'으로 구분된다.

그리고 본존불의 머리는 일반적으로 표현하는 방식인 나발이 아니라, 민머리인 소발로 되어 있는 것이 다소 특이하다. 부처님의 머리카락은 주로 곱슬머리 모양의 나발로 표현한다. 이 곱슬머리가 소라 모양을 닮

● 칠불암 마애불상군 | 동남산 봉화골

앉았다고 해서 '소라 나(螺)', '터럭 발(髮)'을 써서 나발(螺髮)이라 한다.

정수리가 솟아 있는 모양을 육계라고 하는데, 삼존불 본존의 육계는 높은 편에 속한다. 육계는 지혜를 상징하기 때문에, 지혜가 높으신 부처님을 의미한다고 보면 될 것 같다.

우측 협시보살은 정병을 들고 있는데, 이것은 목마른 사람에게 물을 먹이듯이 괴로워하는 중생들을 구제하겠다는 보살의 약속을 의미한다고 한다.

겨울철에는 점심때가 되면 삼존불에 그늘이 드리워지기 시작한다. 그리고 사면불 중에서 남쪽에 계시는 불상만 빛을 받는 때가 오는데, 이것이 겨울철에 칠불암을 찾는 이유다.

또한, 사면불 중에서 서쪽에 계시는 부처님은 삼존불과 마주하고 있어

● 칠불암 마애불상군 │ 사면불 남쪽 불상

그림자가 드리워지는 시간이 많아 또렷한 모습을 보기가 쉽지 않다. 하지만 점심때쯤에는 이 부처님에게도 빛을 받는 순간이 온다. 그래서 사진은 기다림의 미학이라고 한다.

칠불 중에서 과연 어떤 분이 중심이 되는 부처님일까? 사실 처음 봤을 때는 당연히 삼존불의 본존을 칠불의 중심이 되는 부처님으로 생각했다. 그런데 보면 볼수록 의문점이 남는다.

사면불과 삼존불 사이의 공간이 좁아서, 삼존불 바로 앞에서는 예불을 드리기가 어렵다. 또 사면불 앞쪽에서 봤을 때는 삼존불의 본존이 잘 보이지 않는다. 얼굴도 보이지 않는 불상을 두고 숭배심이 생기지는 않을 것이다. 따라서 삼존불의 본존이 칠불의 중심이 아니라는 생각이 든다.

● **칠불암 마애불상군** | 사면불 서쪽과 남쪽 불상

또 사면불은 본래 다른 곳에 있던 것을 옮겨 왔다는 견해가 있다. 사면불을 옮겨 왔다면 삼존불의 본존이 예불의 중심이었을 확률이 높다. 그렇다면 삼존불 바로 앞에서 예불을 드리지 못할 정도로 가깝게 사면불을 옮겨다 놓지는 않았을 것이다.

그리고 사면불이 새겨진 사면석주와 바닥돌의 갈라진 틈이 일치하고 사면석주와 바닥돌의 질감이 같기 때문에, 원래 있었던 바위에 사면불이 새겨졌다는 주장에 힘이 실린다.

사면불 중에서 동쪽에 배치되어 있는 부처님은 약합(藥盒)을 들고 있는 약사여래이다. 그리고 나머지 세 분은 수인이 거의 유사하기 때문에 각기 다른 종류의 부처님으로 특정하기는 어렵다. 만약 사방불이라면 네 방위마다 부처님의 종류가 뚜렷하게 구분된다. 따라서 사면석주의 부처

● 약사여래 | 중앙에 있는 불상

님은 사방불이 아니라 사면불이라 하는 것이 합당하다고 본다. 사면불은 부처님의 종류에 상관없이 네 면에 불상이 새겨져 있는 것을 말한다.

또한, 칠불암에서 『약사경』과 『금강경』이 새겨진 석경이 발견되었다. '석경'은 넓은 돌판에 불경을 새겨 놓은 것을 말한다. 이 칠불에 전각을 세우고, 전각 벽면에 석경을 붙여 놓았을 것으로 추정된다. 『약사경』은 약사여래와 밀접한 연관성이 있지만, 금강경은 특정한 여래를 상징하지는 않는다. 따라서 『약사경』 석경이 있었다는 것은 약사여래가 중심이 되는 도량이라는 의미가 된다.

그렇다면 칠불의 중심은 정면에서 봤을 때 가장 잘 보이는 부처님인 약사여래가 되는 것이다. 약사여래는 질병의 고통에서 벗어나게 해 주는 부처님으로, 동방 유리광 세계에 머물고 계시기 때문에 동쪽에 배치

● **칠불암 석경** | 약사경(위), 금강경(아래)

된다.

　약사여래 주위를 우요, 즉 시계 방향으로 돌면서 『약사경』을 독송하면 질병에서 벗어날 수 있다고 믿는 것이 약사여래신앙이다. 칠불암에서는 벽에 붙어 있는 『약사경』을 독송하면서, 약사여래가 새겨져 있는 사면석주를 우측으로 돌면서 기도했을 것이라 추정해 본다. 마치 탑돌이를 하듯 말이다. 따라서 칠불암은 약사여래를 중심으로 하는 약사도량으로 보는 것이 타당해 보인다.

　끝으로, 사면석주가 원래부터 그 자리에 있었던 것인지의 여부와 칠불 중에서 중심이 되는 부처님에 대해 아직은 학설마다 견해 차이가 있다.

신선암 마애보살반가상

이 보살상은 남산에 있는 불상 중에서 가장 높은 곳에 위치하고 있다. 이곳에서 만난 어떤 분이 바닥에 설치되어 있는 측량좌표를 확인하더니 해발 397m라고 알려 주셨다.

광배 모양으로 약간의 감실을 만들어 불상을 조각했기 때문에 빗물이 흘러내리는 피해를 적게 받도록 했다. 머리에는 삼면보관을 쓰고 있으며, 보관에는 화불이 새겨져 있어 관세음보살로 보는 것이 일반적인 견해이다.

보관은 머리에 꽃무늬로 장엄되어 있는 쓰개를 말한다. 그리고 화불은 부처가 중생들을 구제하기 위해 때와 장소를 가리지 않고 여러 모습으로 나타나는 것을 표현한 말이다. 주로 관세음보살의 보관이나 부처의 광배에 작은 불상으로 배치된다.

얼굴은 풍만하고 또렷하지만 부드럽게 조각되어 있다. 또 은은한 미소를 머금고 있어 자비로운 표정을 짓고 있다. 두 귀에는 화려한 귀고리가 달려 있고, 목에는 구슬 목걸이가 걸려 있다. 두 손은 가슴까지 들어 올리고 있으며, 오른손에는 꽃가지를 들고 왼손은 설법할 때 취하는 설법인을 하고 있다.

그리고 이 보살상은 자세히 보면 양쪽 어깨에 뭔가가 올려져 있는 것을 알 수 있다. 이것은 수발에 연꽃송이를 장식해 놓은 것이다. 수발은 길게

● 신선암 마애보살반가상 | 동남산 봉화골

늘어뜨린 머리카락을 말한다. 즉, 두 어깨 위에 연꽃송이를 장식한 수발이 흘러내리고 있는 것이다. 간혹 머리카락을 매듭지어 놓은 경우는 있지만, 이처럼 연꽃송이를 장식해 둔 사례는 다른 불상에서는 찾아볼 수 없는 특징이다.

대좌에 걸터앉은 자세로 오른쪽 다리는 아래로 내려 연꽃 위에 발을 살짝 올려놓았다. 또 왼쪽 다리는 대좌 위에 올려놓아 유희좌를 취하고 있다. 대좌 아래에는 화려하게 피어나는 구름무늬가 조각되어 있다.

● 신선암 마애보살반가상 | 동남산 봉화골

이 보살상은 공식적으로는 반가상이라 불리지만, 엄격히 구분하면 반가부좌를 하고 있는 반가상이 아니라 유희좌상이다. 유희좌와 반가부좌를 같은 개념으로 사용하는 경우를 종종 본다. 하지만 의미상으로는 엄연히 구분되기 때문에 알아 두면 좋다.

유희좌와 반가부좌는 한쪽 다리를 대좌 아래로 내려뜨린 것이 같기 때문에 비슷하게 보일 수도 있다. 그러나 반대쪽 발을 내려뜨린 다리의 허벅지 위에 얹어 놓으면 '반가부좌'이고, 허벅지 위에 얹지 않고 앞에 편안하게 놓아두면 '유희좌'이다.

따라서 유희좌는 편안하게 앉은 자세이기 때문에, 이를 보는 중생들도 은근히 긴장감이 풀리면서 편안함을 느끼게 된다. 근엄한 숭배의 대상이지만 잠시나마 삶에 지친 중생들이 편안해질 수 있도록 하기 위한 배려라

경주, 역사를 품은 여행

● 신선암 마애보살반가상 │ 동남산 봉화골

는 생각이 든다.

사실 이 보살상은 수십 길 낭떠러지 위에 있는 바위 면에 새겨져 있어 마치 하늘에 떠 있는 듯한 모습을 보인다. 따라서 발아래의 구름무늬와 잘 어우러져 마치 보살이 하늘에서 구름을 타고 내려오는 듯한 모습을 연상게 하기도 한다.

그리고 이 마애보살은 하늘에 떠 있는 듯한 모습 등을 고려할 때, 천상의 세계인 도솔천에 머물고 있는 미륵보살로 보는 견해도 설득력이 있다. 신선암 마애보살반가상 앞에 앉아 보는 전망은 마치 하늘에서 인간 세상을 내려다보는 듯하다. 따라서 나의 개인적인 견해는 도솔천의 미륵보살로 보는 것이 주변의 자연과 더 잘 어울린다고 생각한다.

관세음보살로 보든 미륵보살로 보든 부처의 입장에서는 별로 중요치

● 신선암 마애보살반가상 | 매가 날아온 모습

경주, 역사를 품은 여행

● 신선암 마애보살반가상 │ 기도하는 다람쥐

않다. 부질없는 인간들 입장에서 구분 지으려는 어리석음이 아닐까? 남산 신선암에 가 보지도 않고 구분하기보다는 실제로 가서 보고 느껴지는 대로 인식하면 된다. 그리고 실제로 가 본다면 감탄이 절로 나올 것이다. 그때 나오는 감탄은 아무리 해도 사치가 아닐 듯싶다.

몇 해 전에 일출 시간에 맞춰 신선암 마애보살반가상을 촬영하기 위해 어둠이 깔린 새벽에 혼자 산을 오른 적이 있다. 숨을 돌린 후 삼각대를 설치하고 촬영 준비를 마쳤다. 잠시 후 토함산 너머로 해가 비치기 시작하는 순간이었다.

그런데 갑자기 절벽 아래서 퍼드덕 하는 소리와 함께 뭔가가 날아오르는 듯했다. 그 순간 뭔지도 모르고 본능적인 사진가의 순발력으로 카메라 셔터를 눌러 댔다. 사실 너무 빠르게 날아가 버리는 바람에 무슨 새인지도 몰랐다. 그런데 큰 새가 카메라에 잡혔다. 절묘한 순간에 절묘하게 포착된 것이다.

그리고 일출 사진 촬영을 거의 마쳤지만 은은하게 미소 짓는 마애보살을 떠나기가 아쉬워 머뭇거리고 있었다. 그런데 다람쥐 한 마리가 공양미로 가져다 놓은 쌀을 먹기 위해 왔다 갔다 하는 것이다. 다람쥐를 모델로 삼으면 좋겠다는 생각이 들어 조심히 촬영을 계속했다. 그 순간 다람쥐가 앞발을 들어 올렸다. 이 모습이 두 손을 모아 합장하며 기도하는 모습처럼 보였다. 예기치 않은 장면들을 촬영하게 된 것이다. 나에게 이런 행운이 또 올까?

신선암 마애보살반가상에는 일출 때 사진 촬영을 많이 하는 곳으로 유명하다. 하지만 이곳에서도 일출 사진뿐만 아니라 색다른 사진을 촬영할

● 신선암 마애보살반가상 │ 얼굴 부분만 빛이 비치는 모습

수 있다는 것을 우연히 알게 되었다.

　겨울철 오후에 해가 넘어가면 보살상에 그림자가 드리워지기 시작한다. 그때 보살상에 부분적으로 빛이 들어오는 순간을 경험하게 되었다. 즉, 나뭇잎에 의해 보살상에 그늘이 드리워지고, 나뭇잎 틈 사이로 일부분만 빛이 들어오면서 색다른 느낌의 사진을 담을 수 있었던 것이다. 해의 높낮이와 나뭇잎과의 절묘한 조화가 만들어 내는 결과물이다.

　매일매일 해의 남중 고도가 달라지기 때문에 나뭇잎 사이로 비치는 빛의 모양도 매일 달라진다. 이처럼 자연이 만들어 내는 연출을 사진으로 담기 위해서는 사전 정보와 오랜 기다림이 필요하다. 그래서 작품 사진을 일컬어 '기다림의 미학'이라고 하는 것이다.

용장계 지곡 3층 석탑

남산 신선암 위쪽 봉우리 너머에는 1950년대에 농업용수를 확보하기 위해 축조한 인공호수가 있다. 산 중턱에 있는 호수라고 해서 '산정호수'라 부른다. 그리고 이 골짜기는 연못이 있다고 해서 한자로 '지곡(池谷)', 우리말로 '못골'이라 부른다. 또한, 큰 골짜기로 보면 용장계곡에 속한다. 따라서 이 골짜기를 '용장계 지곡'이라 부르기도 한다.

신선암 위쪽 능선 갈림길에서 금오봉 방향으로 5분 정도 가면 산정호수로 내려가는 갈림길이 나온다. 여기서 좌측으로 조금만 내려가면 '용장계 지곡 3층 석탑'이 나온다.

지곡 3층 석탑은 지붕돌의 낙수면이 층층이로 된 계단식으로 조각되어 있는 것이 특징이다. 전탑이나 모전석탑의 경우, 벽돌이나 벽돌 모양의 돌로 탑을 쌓다 보니 낙수면이 층층이 계단식으로 만들어진다.

지곡 3층 석탑은 일반 석탑 계열이기 때문에, 지붕돌이 계단식으로 조각되어 있다고 해서 '모전석탑'이라고 지칭하는 것은 다소 어색한 표현이다. 따라서 지곡 3층 석탑은 모전석탑이라기보다는 '모전석탑 양식을 띤 석탑' 정도로 지칭하는 것이 맞을 듯하다.

전탑은 흙을 구워서 만든 벽돌로 쌓은 탑이며, 모전석탑은 돌을 벽돌 모양으로 다듬어서 쌓은 탑이다. 모전석탑은 전탑을 모방했다고 해서 붙여진 이름이다.

● 산정호수 ㅣ 지곡

　기단부는 바닥돌인 지대석 위에 4개씩의 돌덩이를 2단으로 쌓아 육면
체의 기단을 조성하였다. 이런 특이한 양식의 기단부는 경주 지역에서만
볼 수 있다. 그리고 돌의 크기가 달라 돌과 돌들의 이음줄이 서로 어긋나
게 표현되어 있어 자연미를 느낄 수 있다. 즉, 우리 선조들은 이런 탑을
만들 때에도 최대한 자연과의 조화를 추구하고자 했던 것이다.

　또한, 이 탑에서 눈여겨봐야 할 특징은 3층 몸돌이다. 언뜻, 탑신부의
몸돌과 지붕돌은 각각 하나씩의 돌로 조성되어 있는 것처럼 보인다. 그
런데 자세히 보면 1층과 2층의 몸돌은 각각 하나씩의 돌로 조성되어 있지
만, 3층은 별도의 독립된 몸돌이 없다.

　3층 몸돌에 해당하는 부분에는 중간쯤이 비스듬히 나뉘어 있다. 즉, 3
층 몸돌의 아래쪽 절반은 2층 낙수면의 상단에 붙어 있고, 위쪽 절반은 3

● 용장계 지곡 3층 석탑 | 지곡

경주, 역사를 품은 여행

● 탑신부 | 3층 몸돌 모습

층 받침면의 하단에 붙어 있다. 따라서 3층 몸돌은 따로 분리하지 않고, 2층 낙수면과 3층 받침면에서 반반씩 갹출하여 3층 몸돌을 구성하게 된 것이다. 이런 모습도 다른 석탑에서는 보기 어려운 특이점이다.

지붕돌의 받침면 층단은 1층부터 4단 · 3단 · 2단으로 되어 있는데, 이것도 흔치 않은 특이점이라고 할 수 있다. 하지만 낙수면은 모두 4단으로 되어 있다. 그리고 추녀 끝에는 풍경을 달았던 구멍이 뚫려 있다.

이 석탑은 첩첩산중에 홀로 있어 찾는 사람이 많지 않지만, 당당하게 서 있는 모습이 외롭지 않아 보인다. 혹시 신선암 마애불을 만나러 간다면, 약간의 시간을 할애해서 '지곡 3층 석탑'도 꼭 한번 찾아가 보기를 권하고 싶다.

열암곡 석불좌상

불상의 구성은 크게 광배와 불신 그리고 대좌로 이루어진다. 부처님은 몸에서 금빛이 발산된다고 한다. 그래서 광배는 부처의 몸에서 뿜어져 나오는 빛을 형상화한 것으로, 불신 뒷면에 세워져 있다. 불신은 부처님 몸을 말한다. 그리고 대좌는 부처님을 받치고 있는 탁자로, 상대석 · 중대석 · 하대석으로 구성된다.

열암곡 석불좌상은 발견 당시 파손이 심한 상태로 부재들이 여기저기 흩어져 있는 상태였다. 불신은 불두(머리)가 없는 상태였으며, 대좌는 중대석 없이 상대석과 하대석만 남아 있었고, 광배는 10여 조각으로 파손되어 주변에 흩어져 있었다고 한다. 그리고 2005년, 근처에서 불두가 발견되었다.

불두의 발견을 계기로 2007년 3월부터 이 일대에 대한 발굴 조사와 보수 정비 사업이 진행되었다. 열암곡 석불좌상은 중대석이 유실된 상태라 적절한 크기와 높이를 판단하는 데 어려움이 있었다고 한다. 또 중대석 복원을 위해 2톤이 넘는 돌을 운반하는 과정에서 산불방재용 헬기까지 동원했다고 한다. 이러한 정비 사업의 결과, 지금과 같이 석축단 위에 열암곡 석불좌상이 모셔지게 된 것이다.

열암곡 석불좌상은 풍만하면서도 안정감 있는 신체 표현, 광배와 대좌

● 열암곡 석불좌상 | 열암곡

의 간결하면서도 섬세한 조각 수법 그리고 몸에 밀착시켜 입은 얇은 가사 등으로 미루어 볼 때 통일 신라 시대 불상의 특징을 보여 주고 있다.

겨울에는 해의 남중고도가 낮고, 오후에는 해가 역사광으로 비추기 때문에 자연적으로 뒤쪽의 나무숲이 어둡게 배경 처리된다. 그래서 '사진은 타이밍'이라고 하는 것이다. 원하는 사진을 촬영하기 위해서는 내가 가고 싶을 때 가서 찍는 것이 아니라, 자연이 허락하는 시간에 가서 찍어야 한다.

열암곡 마애불상

열암곡 마애불상을 찾아가기 위해서는 내남면 노곡리 새갓골 주차장에서 출발하면 된다. 열암곡 석불좌상 일대에 대한 정비 사업을 진행하던 2007년 5월, 근처에 넘어져 있던 큰 바위 면에 대형 마애불상이 조각되어 있는 것을 발견하게 되었다. 하지만, 당시에는 남산의 수많은 불상에 또 하나의 불상이 추가되는 정도의 관심이었다.

2007년 9월, 열암곡 마애불상의 모습이 공개되면서 학계와 언론의 관심이 집중되었다. 이 불상을 처음 공개할 때, 문화재청장이 현장에서 직접 설명할 정도였다. 또한, 프랑스 르몽드지에 「5cm의 기적」이라는 제목으로 이 불상이 소개되기도 했다. 이 마애불상을 보고 있노라면, '어찌 이런 행운이 있을 수 있을까?' 하는 감탄이 절로 나온다.

열암곡 마애불상은 석불좌상에서 30m 정도 떨어진 곳에 있다. 발견되기 전에는 잡목이 우거져 있을 뿐 아니라 등산로에서 조금 떨어진 경사진 곳이라 사람들의 접근이 없었다고 한다.

열암곡 마애불상은 화강암 바위에 조각되어 있으며, 불상이 조각된 면이 땅바닥을 향한 채 엎어져 있다. 그런데 마애불상의 코와 바닥 돌과의 간격이 5cm에 불과하다. 마애불상이 새겨진 바위가 앞쪽으로 엎어질 때, 얼굴 위쪽의 바위 면이 먼저 땅에 부딪히면서 얼굴과 바닥 사이에 틈이 생긴 것이다. 따라서 얼굴의 손상을 막을 수 있었던 것이며, 이를 두고

● **열암곡 마애불상** | 바닥 돌과 코의 간격이 5㎝인 모습

사람들은 '5㎝의 기적'이라고 말하는 것이다.

부처님의 은덕 때문인지는 몰라도, 간발의 차이로 인해 마애불상이 파손되지 않고 온전하게 보존될 수 있었다. 또 이 불상은 땅바닥으로 엎어져 있기 때문에 풍화 작용을 거의 겪지 않아 원형이 비교적 잘 남아 있다. 이를 두고 '불행이 오히려 행운을 낳은 것'이라고 말하는 걸까?

통일 신라 때 제작된 열암곡 마애불상은 머리에서 발끝까지 높이가 460㎝, 발아래 다섯 장의 연꽃잎으로 이루어진 연화 대좌가 100㎝로 전체 높이는 560㎝이며, 무게가 약 80톤에 이르는 대형 마애불상이다. 또 볼륨감 있는 얼굴과 날카로운 눈매, 도톰한 입술, 좌우로 벌어진 발이 특징이다.

● **열암곡 마애불상** │ 가상으로 세운 모습

경주, 역사를 품은 여행

● 열암곡 마애불상 ｜ 정비 후 모습

열암곡 마애불상은 경주 남산에서 세 번째로 큰 불상이다. 가장 큰 불상은 약수골 마애여래입상으로 8.6m이며, 두 번째는 삼릉계곡 마애석가여래좌상으로 6m이다.

이 불상은 풍화 정도 등을 고려해 볼 때, 제작된 지 오래되지 않아 넘어졌을 가능성이 크다고 추측해 왔다. 하지만 2018년 한국건설기술연구원에 의뢰해 연구한 결과, 1557년 강한 지진에 의해 넘어졌을 가능성이 높다고 분석했다. 또 인근에서 발견된 토기의 연대 측정 등을 바탕으로 8세기 후반에 만들어졌다는 결과를 내놓았다. 그리고 이 연구에서 불상을 세우는 문제도 검토해 봤지만, 워낙 무거워서 불상을 바로 세우는 입불은 추후에 논의하기로 했다.

불상을 바로 세우는 시기가 불투명해지면서, 일단 마애불상 주변에 대한 정비 사업을 진행하기로 했다. 그리하여 2021년 말, 2년여 간의 공사 끝에 불두 안정화와 석축 보강 공사, 보호각 교체 등의 정비 사업을 마무리하게 되었다.

언제가 될지는 모르겠지만 마애불상이 바로 세워진다면, 나를 반기듯 부처님이 환히 웃는 시간에도 꼭 가 보고 싶다.

사자봉과 지암곡

● 팔각정 터 | 사자봉 정상

● 남산 부석 | 일명 부처바위

통일전에서 남산순환도로를 따라가다 보면 지암곡으로 가는 등산로 이정표가 나온다. 이 길을 따라가면 지암곡 3층 석탑, 민간신앙과 연관성이 있는 근세불 그리고 남산 부석과 사자봉을 만날 수 있다.

사자봉은 경주 남산에서 가장 위엄이 느껴지는 봉우리이며, 서라벌의 경관을 가장 아름답게 볼 수 있는 곳이다.

사자봉 정상 조금 아래에는 경주 팔괴 중 하나에 속하는 '남산 부석'이 있다. '경주 팔괴'는 경주에 있는 여덟 가지의 괴이한 풍광을 말한다. '부석'은 큰 암벽 위에 큰 바위가 얹혀 있는데, 위에 얹혀 있는 큰 바위가 공중에 떠 있는 것처럼 보인다 하여 붙여진 이름이다. 그래서 '뜰 부(浮),

● 지암곡 제3사지 3층 석탑 ｜ 동남산 지암곡

돌 석(石)' 자를 써서 '부석'이라 한다.

　남산 부석에서 조금 더 내려가면 정감이 가는 3층 석탑이 나온다. 이곳은 어떤 절이 있었는지 이름은 모른다. 그래서 지암곡의 세 번째 절터에 있는 3층 석탑이라는 의미로 '지암곡 제3사지 3층 석탑'이라 불린다.

　자연암반을 윗면만 조금 다듬어 기단으로 삼았고, 자연암반 위에 별도의 돌로 만든 2단으로 된 몸돌받침이 올려져 있다. 그리고 그 위에 3층의 탑신부를 올렸다. 탑신부의 몸돌과 지붕돌은 각각 하나의 돌로 만들었으며, 지붕돌의 받침면은 4단으로 되어 있다. 이런 점을 고려할 때, 이 석탑은 비파곡 제2사지 3층 석탑과 비슷한 모습이며 같은 시기인 9세기 후반에 건립된 것으로 추정된다.

● 근세불 | 동남산 지암곡

하지만 둘 사이의 차이점은 있다. 비파곡 제2사지 3층 석탑이 아담하고 소박하면서도 균형이 잘 잡힌 석탑이라면, 지암곡 제3사지 3층 석탑은 탑신부의 상승감이 다소 큰 편이어서 늘씬한 느낌이 든다는 점에서 매력적인 석탑이다.

지암곡 제3사지 3층 석탑은 높이가 3.88m로 자연암반을 기단으로 삼은 석탑 중에서는 규모가 큰 편에 속한다. 이처럼 자연암반을 이용하여 기단으로 삼고, 그 위에 탑신부를 올린 독특한 구조는 경주 남산에서만 볼 수 있는 특이점이다.

그리고 지암곡은 다른 골짜기에 비해 민간신앙의 흔적이 가장 많이 남아 있는 곳이다. 민간신앙의 숭배 대상으로 근대에 와서 새겨 놓은 불상들을 '근세불'이라 부른다. 그런데 이 근세불들의 모습은 천년의 세월을

● 근세불 │ 동남산 지암곡

지나온 신라 시대 때의 불상과는 확연히 차이가 있어 보인다.

경주 남산에는 수많은 탑과 불상들이 있음에도 불구하고 또 다른 숭배의 대상물을 만들었다는 점에서 아이러니한 느낌이 든다. 각자 소망하는 것이 다르기 때문일까? 근래까지 무속인들이 찾아와 기도를 드리는 경우가 많았는데, 최근에 이런 행위들을 단속하면서 지금은 거의 사라진 상태이다.

문두루비법으로 나라를 지키다

사천왕사지

　나당연합군은 고구려와 백제를 차지하면 대동강을 기준으로 땅을 나누어 가지기로 했다. 그런데 당나라는 약속을 어기고 한반도 전체를 차지하려는 야욕을 보이면서 군사를 파견하기 위한 계획을 세우고 있었다. 그때 당에서 공부하던 의상은 이 사실을 알고 급하게 신라로 돌아와 왕에게 알렸다.

　그래서 문무왕은 신통력을 가진 명랑법사를 불러 당의 공격을 막을 수

● 녹유신장벽전(1)　　　　　　　● 녹유신장벽전(2)

● 녹유신장벽전(3) │ 국립경주박물관 소장

있는 비책을 물었다. 명랑법사는 신유림에 사천왕사를 세우고 문두루비
법을 시행하면 된다고 했다. 문두루비법은 국가의 재난을 물리치게 하는
불교 의식이다.

● 귀부 | 사천왕사지

그 후 당나라 군대는 바다를 건너오다 풍랑을 만나 몰살되는 위기를 두 번이나 겪게 된다. 그러한 영향으로 신라는 나당전쟁을 승리로 이끌 수 있었다.

사천왕사에는 동·서 2기의 목탑이 있었다. 녹유신장벽전은 목탑 기단부의 면석에 장식된 벽전이다. 벽전은 3종류가 1세트로 구성되며, 탑기단의 한 면에 2세트씩 배치되었다. 따라서 총 8세트, 24점의 녹유신장벽전이 탑마다 배치된 것이다. 녹유신장은 녹색 유약을 발라 만든 불교의 수호신을 말한다.

어느 날, 선덕여왕은 신하들을 불러 자신이 죽으면 도리천에 묻어 달라고 했다. 도리천은 불교에서 부처가 사는 수미산 정상에 있다. 그렇다면

경주, 역사를 품은 여행

● 선덕여왕릉 | 낭산

현실 세계에서는 도리천이 어디에 있느냐고 신하들이 묻자, 신유림이라고 했다. '신유림'은 '신들이 노니는 숲'이라는 뜻으로, 현재 선덕여왕릉이 있는 낭산을 말한다.

신유림은 신들이 내려와 놀던 곳으로, 신령스러운 땅이기 때문에 여기에 있는 나무는 함부로 베지 못하게 했다. 그리고 신유림은 불교가 공인되기 이전에는 토속신앙의 성지였다.

문무왕 때 선덕여왕릉 아래에 사천왕사가 건립되면서 그 예언이 맞아떨어졌다. 불교에서 사천왕이 다스리는 사천왕천 위가 도리천이기 때문이다.

망덕사지

나당전쟁 후에도 신라와 당은 문물 교류 등을 계속하고 있었다. 그러한 가운데 당나라는 자신의 군대를 두 번이나 수장시킨 비밀이 사천왕사 때문이라는 것을 눈치채게 된다. 그래서 신라는 사천왕사가 당의 침입을 막기 위한 비책이 아니라고 둘러댄다.

하지만 당은 사천왕사를 확인하기 위해 사신을 파견하기로 한다. 이 소식을 들은 신라는 사천왕사를 보여 줄 수가 없어 급하게 가짜 사천왕사를 만들었는데, 그 사찰이 망덕사이다.

● 망덕사지 | 낭산 자락

● **금당지** | 망덕사지

　당의 사신이 망덕사를 보고 가짜 사천왕사라는 것을 알아차리자, 많은 뇌물을 주고 포섭하게 된다. 이에 사신은 당으로 돌아가서 고종에게 보고하기를, 사천왕사에서는 황제의 만수무강을 빌고 있었다고 말하면서 신라는 위기를 모면하게 되었다.

　망덕사지는 낭산의 사천왕사지가 보이는 앞쪽 들판 가운데에 위치하고 있다. 현재 망덕사지에는 당간지주와 금당지 그리고 동·서 목탑지 등이 남아 있다.

　망덕사는 신문왕 4년(684)에 건립되었으며, 낙성식은 효소왕 1년(692)에 열렸다. 낙성식은 일종의 건물 준공 기념식이다.

2

석양을 보다

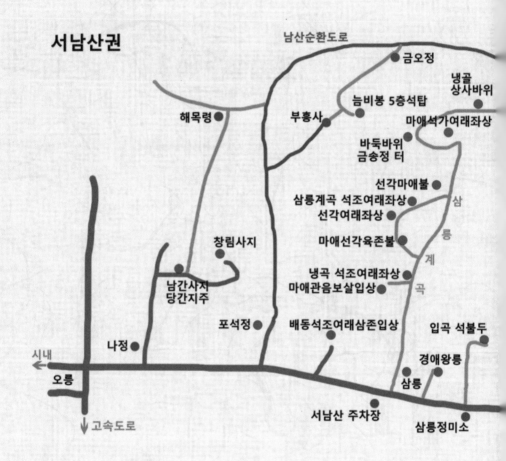

서남산권

남산순환도로

금오정

냉골
상사바위

능비봉 5층석탑

해목령

부흥사

마애석가여래좌상

바둑바위
금송정 터

선각마애불

삼릉계곡 석조여래좌상

선각여래좌상

삼
릉
계
곡

창림사지

마애선각육존불

남간사지
당간지주

냉곡 석조여래좌상
마애관음보살입상

포석정

배동석조여래삼존입상

입곡 석불두

나정

경애왕릉

시내

삼릉

오릉

고속도로

서남산 주차장

삼릉정미소

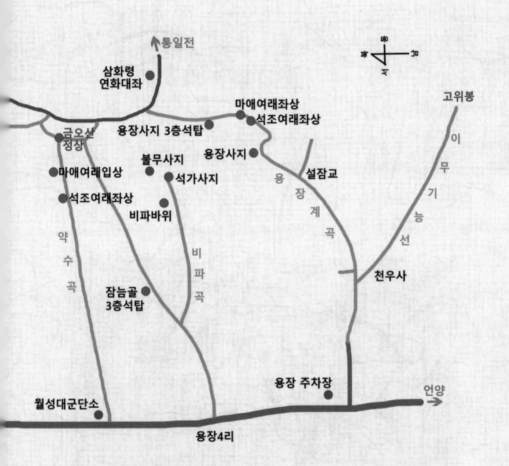

삼릉과 소나무 숲

남산 삼릉은 신라 제8대 아달라왕, 제53대 신덕왕, 제54대 경명왕의 능이며, 또 삼릉 인근에는 제55대 경애왕릉이 있다. 이 능들은 모두 박 씨의 왕릉이다.

삼릉 중에서 가운데 위치하고 있는 제53대 신덕왕릉은 1963년에 도굴 로 훼손되어 이를 수습하는 과정에서 조사가 이루어졌다. 이 무덤은 시 신을 안치하는 널방과 널방으로 들어가는 널길을 판석으로 만든 굴식돌

● 삼릉 소나무 숲 | 서남산 삼릉계곡

● 삼릉 소나무 숲 ｜ 서남산 삼릉계곡

방무덤으로 밝혀졌다. 이런 굴식돌방무덤은 입구의 흙만 걷어 내면 돌
방으로 들어갈 수 있기 때문에, 도굴이 쉬워 대부분 도굴당했다고 보면
된다.

삼릉은 주변에 울창한 소나무 숲이 있어 유명세를 타고 있다. 소나무
숲 자체만으로도 아름답지만, 봄날과 가을날 아침에 안개가 자욱하게 깔
리면 환상적인 분위기를 연출하기 때문이다.

그리고 해가 뜬 후 소나무 사이로 빛내림이 발생하면 이보다 더 이상
아름다울 수 없다. 요즘은 다양한 매체를 통해 삼릉의 아름다움이 알려
져 있다. 그래서 사진작가뿐만 아니라 일반 여행객들도 많이 찾는 명소
가 되었다.

신라의 왕은 총 56명이지만, 왕릉으로 지정된 고분은 37기이다. 그중

● 삼릉 ┃ 서남산 삼릉계곡

에서 신라의 마지막 왕인 경순왕의 무덤은 경주가 아닌 경기도 연천에 있다. 따라서 경주에는 36기의 신라 왕릉이 지정되어 있다. 사실 고구려나 백제의 왕들은 왕릉으로 지정되어 있는 경우가 극히 드물기 때문에, 그에 비하면 신라의 왕릉은 많이 지정되어 있는 셈이다.

신라는 박씨 왕이 10명, 석씨 왕이 8명, 나머지 38명은 김씨 왕이다. 그중에서 박씨 왕 10명은 모두 왕릉이 지정되어 있지만, 석씨는 탈해왕만 왕릉이 지정되어 있다. 그리고 눈여겨볼 만한 것은 박씨 왕릉 10기는 모두 서남산 쪽에 위치하고 있다는 것이다. 여기에는 어떠한 사연이 숨어 있을까?

17세기 말 조선 숙종 때, 경주 김씨와 박씨 문중에서 족보를 제작하면

● **경애왕릉** │ 서남산 삼릉계곡

서 신라 왕릉에 대한 관심이 높아졌다. 따라서 경주 김씨와 박씨는 『삼국
사기』와 『삼국유사』에 기록되어 있는 장지를 바탕으로, 왕릉급 무덤을 서
로 자신들 조상의 것이라고 경쟁적으로 비정하기 시작했다.

결국 이런 경쟁이 두 가문 사이의 싸움으로 번지게 되자, 1730년 경주
부윤이었던 김시형이 나서서 박씨 가문과 타협하게 되었다. 그 결과 경
주 남산에 있는 왕릉급 무덤 중에서 동남산 지역은 모두 김씨 왕릉으로,
오릉과 서남산 지역은 박씨 왕릉으로 비정하게 되었다. 근거가 부족한
상황에서 편의적으로 무덤의 주인을 지정한 셈이다. 이처럼 확실한 근거
없이 주변 상황과 비교해서 지정하는 것을 '비정'이라고 한다.

냉곡 석조여래좌상

　삼릉계곡은 골짜기가 깊어서 여름에도 냉기가 나올 정도라고 하여 '냉곡' 또는 '냉골'이라 부르기도 한다. 삼릉계곡은 경주 남산의 43개 골짜기 중에서 유물이 가장 많이 산재해 있는 골짜기 이다. 그래서 남산을 처음 오는 답사객에게 첫째로 추천하는 코스가 삼릉에서 용장사지로 넘어가는 길이다.

　삼릉을 지나 계곡을 올라가면서 가장 먼저 만나는 유물이 냉곡 석조여

● 냉곡 석조여래좌상 ｜ 삼릉계곡

● 냉곡 석조여래좌상 ｜ 매듭 장식

래좌상이다. 그런데 이 불상을 보는 순간 대부분의 답사객들이 아쉬움을 표출하게 된다. 화려하고 사실적으로 조각된 불상인데, 머리가 사라지고 없기 때문이다.

계곡에 묻혀 있던 이 불상은 1964년에 발견되었다. 원위치를 모르기 때문에 현재는 바위 위에 안치하고 있다. 이 불상의 아랫부분은 거칠게 되어 있는데, 파손된 것이 아니라 땅속에 묻혀 있었던 것이다. 조각된 부분과 다듬어지지 않은 부분의 경계를 자세히 들여다보면, 처음부터 조각이 되지 않았음을 알 수 있다.

불상의 아랫부분이 땅속에 묻혀 있었다는 것은 그 자리에 있던 바위를 그대로 활용해서 조각함으로써 자연과의 조화를 추구하고자 했던 것이다. 또 부처가 땅속에서 솟아났다는 신앙심의 표현일 수도 있다. 즉, 부처는 중생들이 사는 세상에서 온 것이 아니라는 차별화를 강조하기 위함이다.

머리가 없어지고 손과 두 무릎이 파괴되어 수인은 알 수 없지만, 땅속에 묻혀 있었기 때문에 마멸이 거의 없고 생생하게 표현된 옷 주름이 그대로 남아 있어 힘이 느껴진다.

● 냉곡 석조여래좌상 ┃ 매듭 장식

● 냉곡 석조여래좌상 | 뒷모습

왼쪽 어깨에는 가사 끈을 묶어 만든 매듭이 아주 사실적이고 섬세하게 표현되어 있다. 또한, 가사 안에 입는 승기지에도 예쁘게 매듭이 새겨져 있다. 가사 끈을 영총이라고도 한다. 그리고 왼쪽 어깨에서 아래로 흘러내린 두 줄의 영총과 끝부분의 영총수실도 사실적으로 표현되어 있다. 이를 통해 신라 시대에도 매듭 공예가 발달되어 있었음을 알 수 있다. 신라의 전성기였던 8세기 중엽의 불상이다.

삼릉계곡에는 2기의 석조여래좌상이 있다. 따라서 이를 구분하기 위해 아래쪽에 있는 이 불상을 '냉곡 석조여래좌상'이라 하고, 이곳에서 정상 쪽으로 조금 더 올라가면 나오는 석조여래좌상은 '삼릉계곡 석조여래좌상'이라 한다.

천연의 붉은 입술

삼릉계곡 마애관음보살입상

　냉곡 석조여래좌상에서 좌측으로 약 50m 걷다 보면 마애관음보살입상
이 나온다. 9세기에 조성된 이 불상은 두 볼이 풍만한 얼굴에 미소를 머
금고 있으며, 연꽃을 아래로 조각한 복련 대좌 위에 서 있다.

● 삼릉계곡 마애관음보살입상 ｜ 삼릉골

경주, 역사를 품은 여행

이 불상은 머리에 보관을 쓰고 있어 보살상이다. 또 보관에는 화불이 있고 왼손에는 정병을 들고 있어 관음보살임을 알 수 있다. 이 보살상은 광배를 따로 만들지 않고 뒤쪽의 비스듬히 솟은 바위를 광배로 삼았기 때문에, 하늘에서 내려오는 모습처럼 보이기도 한다.

그리고 입술이 붉은색을 띠고 있는 것이 특이하다. 채색의 흔적이라는 견해와 바위의 붉은 부분을 입술이 되도록 조각했다는 견해가 있다. 채색의 흔적이라면 오랜 풍파를 견뎌 내고 입술 부분에만 붉은 색감이 남아 있는 것도 신비로운 일이다. 또한, 바위의 붉은색을 입술이 되도록 조각했다면 신라 석공의 감각을 높이 평가할 만하다.

서산 마애삼존불과 석굴암 본존불 등에서도 입술에 붉은 채색의 흔적을 찾아볼 수 있다. 하지만 가까이에서 보면 이 관음보살상의 붉은 색감은 다른 불상들에 비해 천연이 지니는 자연스러움을 느낄 수 있다. 따라서 자연암반에 있던 붉은 부분을 입술이 되도록 조각했다는 견해가 설득력을 얻고 있다. 그래서 나도 천연의 붉은색 견해에 힘을 실어 주고 싶다.

경주 남산에는 129구의 불상이 있다. 그런데 불상 이름을 어려워하는 경우를 종종 보는데, 불상 이름을 짓는 기본 원칙을 알아 둔다면 그런 고충은 줄어들 것이다. 기본 원칙은 절대적인 것은 아니고 기준으로 삼는 것이며, 다소 변형될 수도 있다.

◆ 특징(지역) - 재료 - 주인공(부처 또는 보살) - 자세

가장 먼저 그 불상을 대표하는 특징을 명시한다. 특이한 특징이 없으면

● 삼릉계곡 마애관음보살입상 │ 우측에서 본 모습

경주, 역사를 품은 여행

불상이 있는 지역 명칭을 붙이기도 한다. 그래서 남산의 불상들은 '삼릉계곡' 등, 계곡 명칭을 주로 표시하게 된다.

두 번째로 그 불상을 만든 재료를 명시한다. 돌로 만들면 '석조', 큰 바위에 새겨져 있으면 '마애' 등으로 붙인다.

세 번째로 부처 또는 보살 등 불상의 주인공을 명시한다. 부처는 아미타불, 석가모니불 등이 있으며, 어떤 부처인지 구분하기 어려운 경우에는 통칭하여 '불' 또는 '여래'라 한다. 보살도 관음보살, 미륵보살, 문수보살 등이 있으며, 어떤 보살인지 구분하기 어려운 경우에는 통칭하여 '보살'이라고 한다.

끝으로 어떤 자세를 취하고 있는지를 명시한다. 서서 있으면 '입상', 앉아 있으면 '좌상' 등으로 붙인다.

즉, 삼릉계곡 마애관음보살입상은 삼릉계곡에 있는 바위에 새겨진 관음보살로 서 있는 자세의 불상이라는 의미이다.

현생과 내세의 연결

삼릉계곡 마애선각육존불

　냉곡 석조여래좌상에서 탐방로를 따라 조금만 올라가다 보면 개울 건너편에 이 마애선각육존불이 보인다. 동쪽의 삼존불은 석가모니불을 중심으로 문수보살과 보현보살을 좌우 협시보살로 삼았다. 또 서쪽의 삼존불은 아미타불을 중심으로 관세음보살과 대세지보살을 좌우 협시보살로 삼고 있다.

　이 마애불은 바위 절벽 표면을 매끈하게 다듬지 않고 자연 상태로 육존

● 아미타불과 협시보살 ｜ 삼릉계곡 마애선각육존불

● 대세지보살 │ 삼릉계곡 마애선각육존불

불을 새긴 것이 눈여겨볼 만하다. 절벽 면을 매끈하게 다듬어서 불상을 새길 수도 있었겠지만, 자연 상태로 새긴 것은 자연과의 조화를 중요시 여겼던 조상들의 지혜로 보인다.

이곳에는 여섯 분의 부처님이 계셔서 흔히들 '육존불'이라 칭한다. 사실 육존불이라 말하려면, 여섯 분의 부처님이 하나의 구성체를 이루고 있어야 한다.

그런데 이 마애불은 석가모니불과 아미타불을 각각 본존으로 하는 삼존불 두 쌍이다. 따라서 육존불이라기보다는 두 쌍의 삼존불이 계시는 곳이라고 하는 것이 더 합당할 수 있다. 하지만 어리석은 중생들이 구분 지으려는 것이지, 부처님의 입장에서는 어떻게 부르든 중요치 않을 것

● 석가모니불과 협시보살 ㅣ 삼릉계곡 마애선각육존불

경주, 역사를 품은 여행

● 삼릉계곡 마애선각육존불 | 윗면 배수로 모습

이다.

석가모니불은 현생의 중생들을 고통 속에서 구제하고자 하는 부처님이며, 아미타불은 중생이 죽었을 때 극락으로 인도하는 부처님이시다. 따라서 선각육존불은 현생과 내세가 연결되고 있음을 동시에 표현하고자 한 것이다.

그리고 이 마애불에는 목조 건물로 전각이 마련되어 있었던 흔적을 볼 수 있다. 또 바위 윗면에는 불상 쪽으로 빗물이 흘러들지 않도록 하기 위해 만들어 놓은 배수로도 확인할 수 있다. 나는 이런 부분을 보면서 세심하게 신경을 쓴 신라 석공의 장인정신에 감탄을 하고 만다.

소박한 아름다움

삼릉계곡 선각여래좌상

육존불에서 왼편의 바위 위로 올라가는 길을 선택하면 이 선각여래좌상을 만날 수 있다. 그런데 대부분은 이 길을 찾지 못하고, 일반 등산로를 따라가기 때문에 이 불상을 놓치게 된다.

이 선각여래좌상은 높이 솟은 바위 절벽에 새겨진 불상으로, 남산의 마애불 중에서 가장 늦은 10세기에 조성된 것이다. 가로로 갈라진 바위틈 아래쪽에는 연꽃대좌를 새겼으며, 그 위쪽에 전법륜인을 하고 있는 여래

● 삼릉계곡 선각여래좌상 │ 삼릉골

● 부부바위 | 삼릉계곡 선각여래좌상 좌측

상을 새겼다.

전법륜인은 석가모니가 깨달음을 얻은 후 바라나시 녹야원에서 최초로 설법할 때 취했던 수인으로, 우리나라에서는 사례가 많지 않은 편이다. 따라서 전법륜인은 깨달음을 상징하는 수인이다.

수인은 부처님의 손 모양을 말한다. 전법륜인은 양손을 가슴 앞에 올려 각각 엄지와 집게손가락을 맞붙이고, 왼 손바닥은 안으로 향하고 오른 손바닥은 약간 들어 밖으로 향하게 하는 수인이다.

몸체는 모두 선각으로 나타내고, 얼굴 부분만 돋을새김으로 되어 있다. 연화대좌와 광배 그리고 부처의 외곽선은 굵은 선으로 그었고, 옷 주름 같은 것은 가는 선으로 표현해 선의 복잡함을 피한 것이 특징이다. 얼굴 등이 투박하게 표현되어 세련미는 없다. 하지만 기교를 부리지 않은 소박한 멋, 즉 고졸한 멋을 느끼게 하는 불상이다.

이 불상 옆에 있는 바위는 부부가 서로 껴안고 있는 모습처럼 보인다고 해서 '부부바위'라 부른다.

삼릉계곡 석조여래좌상

　삼릉계곡의 여러 불상 중에서 유일하게 국가 문화재, 즉 보물로 지정된 유물이다. 이 불상의 현재 모습은 2008년에 새롭게 복원한 것이며, 그 이전에는 얼굴 부분을 시멘트로 덧발라 놓아 아주 흉한 모습이었다.

　이 불상은 불신과 얼굴을 따로 제작하여 결합하는 방식을 취하고 있다. 광배의 안쪽엔 나뭇잎 무늬를 부드럽게 새겨 놓았으며, 바깥쪽엔 힘 있게 타오르는 불꽃 무늬를 새겨 놓아 대비를 이루고 있다.

● **삼릉계곡 석조여래좌상** ┃ 불상에만 빛을 받은 모습

● 삼릉계곡 석조여래좌상 | 삼릉골

대좌는 일반적인 모습처럼 상대석·중대석·하대석으로 구성되어 있다. 상대석에는 연꽃이 위로 향하는 앙련이 화려하게 새겨져 있다. 중대석에는 안상이 새겨져 있는데, '안상(眼象)'은 코끼리 눈을 형상화한 것이다. 마야부인은 흰 코끼리가 오른쪽 겨드랑이로 들어오는 태몽을 꾸고 석가모니를 출산했다. 그래서 코끼리는 부처님과 같은 존재로 여겨지고 있다.

하대석에는 일반적으로 연꽃이 아래로 향하는 복련이 새겨지지만, 이 불상은 복련을 새기지 않고 팔각으로 투박하게 처리하고 말았다. 이것은 불상이 땅과 연결된다는 의미로, 부처님이 땅속에서 솟아나는 모습을 표현하고자 하는 것이다.

이 불상은 처음부터 불상을 전각 속에 안치하지 않은 노천불이었던 것으로 추정한다. 이처럼 경주 남산에는 자연과 조화를 이루지 않을 경우 불상이 눈비를 맞더라도 노천에 두는 경우가 종종 있다. 이를 통해 자연과의 조화를 추구하는 옛사람들의 지혜를 엿볼 수 있다. 8세기 후반에 조성되었다.

● 삼릉계곡 석조여래좌상 │ 우측에서 본 모습

그리고 이 불상에서 또 주목할 점은, 광배에 가려져 잘 보이지 않는 불신의 뒷부분에도 소홀함이 없이 완벽하게 조각을 해 두었다는 것이다. 눈에 보이지 않는 부분까지도 소홀하지 않는 신라 석공의 예술적인 세심함에 감탄을 금할 수 없다. 따라서 나는 언제부터인가 신라 석공을 존경하고 있었다. 그래서 나의 인생 멘토는 '신라 석공'이다.

삼릉계곡 석조여래좌상에서 개울을 건너면 삼릉계곡 선각마애불을 볼 수 있는 장소에 안내판이 있다. 이 장소에서 개울 건너편으로 보면, 바위 절벽에 얼굴과 어깨 부분만 선각으로 새겨져 있는 마애불이 보인다. 이 마애불은 새기다 중단된 것인지 아니면 처음부터 의도된 것이지는 명확치 않다.

경주, 역사를 품은 여행

● 삼릉계곡 선각마애불 | 삼릉골

하지만 부처님이 바위 속에서 얼굴을 살짝 내밀어 중생들을 바라보고 있는 듯한 느낌을 줘서 친근감이 가는 불상이다. 따라서 단순하게 표현되어 있지만, 한참을 머물게 하는 매력이 있다.

이 불상을 볼 때마다, 예전에 창문 밖으로 얼굴을 내밀어 골목길을 지나가는 사람들을 바라보면서 인사를 나누었던 모습이 떠오른다. 단순히 표현되어 있기 때문에, 더 친근감을 느끼게 되는지도 모르겠다.

이 불상은 선각이 다소 연한 편이어서 빛의 방향이 맞지 않으면 잘 보이지 않는 경우도 있다. 조각품들은 빛을 받아야 생명력이 살아나기 때문에 빛의 예술이라고 표현하는 것이다.

삼릉계곡 마애석가여래좌상

9세기에 조성된 이 마애불은 높이가 6m이며, 남산에서 두 번째로 큰 불상이다. 그리고 이 마애불은 상사바위에서 바라보면 자연과 잘 어울러져 있는 아름다운 모습을 볼 수가 있다.

마애불이지만 윗부분은 자연암반을 파내어 광배로 삼았기 때문에 입체감이 느껴진다. 또 머리 뒷부분은 투박하게 처리되어 있지만, 얼굴 부분은 돋을새김으로 원만하게 조각되어 있다.

● **삼릉계곡 마애석가여래좌상** | 상사바위에서 본 모습

● 삼릉계곡 마애석가여래좌상 │ 삼릉골

몸체 부분은 거친 선각으로 새겨져 있으며, 대좌 부분의 선각은 부드러워지다가 희미하게 사라지는 것처럼 보인다. 이것은 부처님이 바위 속에서 나오시는 모습을 표현하고자 한 것이다. 그리고 대좌 부분은 중대석이 생략되고 앙련(상대석)과 복련(하대석)이 붙어 있는 것이 특징이다.

마애석가여래좌상 바로 위쪽에 있는 냉골 정상에는 금송정이 있었던 터가 있다. 금송정은 신라 때 옥보고가 거문고를 탔던 곳이다. 옥보고는

● 삼릉계곡 마애석가여래좌상 │ 삼릉골

신라 경덕왕 때의 음악가로서 거문고를 연구했던 6두품 귀족 출신으로, 금송정에서 거문고를 탄 후 신선이 되어 하늘로 올라갔다고 『세종실록지리지』에 기록되어 있다.

금송정 옆에 있는 너럭바위에서는 전망이 좋아 경주 시내가 훤히 내려다보인다. 이 너럭바위는 신선들이 내려와 바둑을 두며 놀았다고 해서 '바둑바위'라 부른다. 신선 사상은 도교를 상징한다. 그렇다면 금송정 터와 바둑바위는 도교의 공간이 되는 것이다.

● 경주 시가지 | 바둑바위에서 본 모습

사실 경주 남산은 147개의 절터가 있을 정도로 불교를 상징하는 곳이다. 따라서 도교의 공간인 바둑바위 일대는 불교와 도교가 융합되는 의미 있는 장소가 된다.

그리고 바둑바위에는 엽서함이 설치되어 있는데, 여기에 비치된 엽서에 사연을 적어서 넣어 두면 해당하는 주소지로 무료로 보내 준다. 산꼭대기에서 엽서를 띄울 수 있는 기회가 많지 않은 여행객에게 또 다른 추억이 될 것 같다.

냉골 상사바위

바둑바위에서 조금 떨어진 곳에는 상사바위가 있다. 상사바위 남쪽 편에 있는 산아당은 아들 낳기를 기원하는 곳으로, 산신당(産神堂)이라는 명문이 있다. 이때 産神堂은 우리가 흔히 알고 있는 산신당(山神堂)이 아니다. 산아당에서 기도를 드려 아들 여섯 명을 낳은 사람이 고마움을 표하려고 산신당 명문과 아들 이름을 새겼다고 한다. 바위의 모양이 아기를 낳고 있는 모습이라고 한다. 그리고 동쪽 편에는 남근석이 세워져 있다.

● 산아당 | 냉골 상사바위

● 남근석 | 냉골 상사바위

● 소석불 | 냉골 상사바위

산아당은 여자를 상징하고 남근석은 남자를 상징하는데, 이 둘이 등을 맞대고 있으니 영영 만나지를 못한다. 그래서 이 바위를 상사바위라고 한다. 남근석 옆에는 기도처인 감실이 있는데, 상사병에 걸린 사람이 와서 빌면 병이 낫는다는 속설이 있다.

그리고 감실 아래에는 남산에서 가장 작은 불상인 소석불이 있다. 머리가 없어지고 마모가 심해 형체를 알아보기 어렵지만, 손 모양은 시무외인과 여원인을 하고 있는 듯하다.

시무외인은 손을 들어 올리고 손바닥을 밖으로 향하게 하는 손 모양으로 두려움을 없애 준다는 약속을 의미하며, 여원인은 손을 내려서 손바닥을 밖으로 향하게 하는 손 모양으로 원하는 바를 모두 들어준다는 약속을 의미한다.

삼릉에서 용장골로 넘어가는 답사객은 이곳에서 금오봉을 거쳐 용장마을로 내려가면 된다.

용장사지

용장사지는 생육신 중의 한 사람인 김시습이 머물면서 최초의 한문소설인 『금오신화』를 썼던 곳이다. 어릴 적부터 신동으로 알려졌던 김시습은 1455년(21세)에 있었던 세조의 단종 폐위 사건을 계기로 속세를 떠나게 되었다. 29세 때 경주 금오산으로 들어와 7년을 머물렀으며, 말년에는 부여에 있는 무량사로 옮겨 가 머물다 세상을 떠났다.

『금오신화』는 주로 남녀 간의 사랑을 주제로 하고 있으며, 단편소설들을 묶은 일종의 소설집이다. 현재 남아 있는 것은 「만복사저포기」, 「이생규장전」, 「취유부벽정기」, 「남염부주지」, 「용궁부연록」으로 5편이지만, 처음에는 이보다 더 많은 소설이 실렸을 것으로 추정된다.

일반적으로 '신화' 하면 단군신화(檀君神話)를 먼저 연상하게 되는데, 이때 '신화(神話)'는 '신격화된 존재를 중심으로 하는 이야기'라는 뜻이다. 그래서 금오'신화(新話)'와 단군'신화(神話)'에는 개념 차이가 있음을 구분하면 좋겠다.

『금오신화(金鰲新話)』의 '신화(新話)'는 '새로운 이야기'라는 뜻이다. 즉, 『금오신화』는 '금오산에서 쓴 새로운 이야기'를 의미한다. 우리 땅에서 쓴 최초의 소설이므로, 그 이전에는 없었던 새로운 형식의 이야기인 것이다.

● 용장사지 | 절터

경주 남산의 주요 봉우리는 금오봉(468m)과 고위봉(494m)이며, 고위
봉(고위산)이 가장 높다. 하지만 남산에서 중심으로 삼는 봉우리는 금오
봉(금오산)으로 보는 것이 일반적이다.

'금오산'이라는 이름은 경주 남산의 모습이 거북이를 닮았다고 해서 붙
여진 것이다. 금오산은 한자로 '金鰲山'이다. 그런데 오(鰲)는 '거북이'가
아니라 '자라'를 뜻한다. 이를 두고 '자라라 쓰고 거북이라 읽는다.'라고
하는 것이다.

그리고 용장골은 삼릉골에 비해 유물의 수는 적지만, 용장사지에 있는
3층 석탑과 석조여래좌상 그리고 마애여래좌상이 모두 보물로 지정되어
있다. 따라서 유물의 수는 많지 않지만, 그만큼 가치가 높은 골짜기가 용
장골이다. 그래서 나는 용장골에서 한참을 머물다 간다.

세계에서 가장 높은 석탑

용장사지 3층 석탑

● 용장사지 3층 석탑 | 일몰

용장사지 3층 석탑은 전형적인 통일 신라 시대의 석탑 양식이며, 8세기 후반에 조성된 것이다. 높이는 4.5m이며, 현재 상륜부는 사라지고 없는 상태이지만 탑신부의 몸돌과 지붕돌은 온전한 편이다. 기단부는 일반적으로 두 층으로 만들지만, 이 탑은 한 층만 세워져 있다. 그것은 자연암반을 하층 기단으로 삼았기 때문이다.

단순히 자연암반 위에 탑이 있기 때문에 자연암반을 하층 기단으로 보

● 용장사지 3층 석탑 | 용장골

는 것은 아니다. 이 석탑은 처음부터 자연암반을 하층 기단으로 삼으려는 철저한 의도를 가지고 만들었다는 증거가 있다.

이 시기의 석탑들은 하층 기단과 상층 기단의 갑석 윗면에 2단의 받침이 있다. 그런데 이 탑은 자연암반에 홈을 파고, 별도의 돌로 2단의 받침을 만들어 끼워 놓았다. 이 받침은 하층 기단의 영역에 해당되는 것이다. 따라서 자연암반과 받침을 한 몸으로 만들어 하층 기단으로 삼았다는 것은 처음부터 철저히 의도된 것임을 의미한다. 나는 자연암반 위에 끼워

● 용장사지 3층 석탑 | 용장골

받침(2단)

상층기단 갑석

상층기단

받침(2단)

하층기단(자연 암반)

하층기단

● 용장사지 3층 석탑 | 기단 모습

경주, 역사를 품은 여행

● 용장사지 3층 석탑 | 산 아래 계곡에서 본 모습

놓은 받침을 볼 때마다 신라 석공의 지혜에 찬사를 아끼지 않는다. 그리
고 용장골이 이 자연암반을 떠받치고 있기 때문에, 용장골 전체가 하
기단이 되는 셈이다. 그렇다면 용장사지 3층 석탑은 해발 350m 높이
있기 때문에, 이 탑의 높이는 354.5m가 된다. 그래서 용장사지 3층
을 세계에서 가장 높은 석탑이라고 이야기한다.

　사실 남산에 있는 다른 석탑들 중에서도 자연 지형과의 조화를 추
면서 만든 것들이 많이 있다. 하지만 용장사지 3층 석탑처럼 완벽하
를 가지고 자연암반을 하층 기단으로 삼은 것은 찾아보기 어렵다
서 자연과의 조화를 추구하는 우리 조상들의 지혜를 엿볼 수 있는 대표적
인 사례이다. 산 아래에서 이 석탑을 올려다보면 용장골을 하층 기단으
로 삼고 우뚝 솟아 있는 웅장한 모습을 만나 볼 수 있다.

용장사지 석조여래좌상

용장사지 석조여래좌상은 둥근 모양의 삼륜대좌가 있어 '삼륜대좌불'이라고도 불리며, 부처님의 후광을 표현한 광배는 없다. 이 불상은 유례를 찾을 수 없을 정도로 구성이 특이하기 때문에 일반적인 원칙으로 말하기 어렵다. 하지만 나는 대좌가 상대석·중대석·하대석 형식으로 구성되어 있다고 생각한다.

하대석은 직육면체의 자연석을 윗면만 약간 가공하여 사용한 것이 특징이다. 중대석은 3층으로 구성되어 있으며, 각각 북 모양의 하층부와 원반 모양의 상층부로 이루어져 있다. 북 모양은 1층에서 3층으로 갈수록 지름이 약간씩 작아져 안정감을 준다. 그 위의 둥근 반석은 1층은 크게 하고, 2층과 3층은 같게 하여 안정감을 주도록 했다. 그리고 1층의 둥근 반석은 소박한 데 비해, 3층의 둥근 반석은 화려한 연꽃으로 장식되어 있다.

상대석에 해당되는 방석의 뒷면은 갓 핀 듯이 생기가 넘치는 세 겹의 연꽃이 장식되어 있다. 그리고 앞면은 대좌를 덮고 흘러내리는 옷자락이 물결처럼 출렁이며 화려하게 표현되어 있다. 이처럼 불상의 옷자락이 대좌를 덮고 있는 대좌를 '상현좌(裳懸座)'라 부르며, 삼국 시대의 불상에 많이 나타난다.

● 용장사지 석조여래좌상 ㅣ 용장골

화려한 방석 위에 모셔 놓은 부처님은 결가부좌로 앉아 오른손은 선정인을 하고 있으며, 왼손은 항마촉지인을 하고 있다. 선정인은 왼 손바닥을 위로 하여 배꼽 앞에 놓고 오른 손바닥을 위로 하여 그 위에 겹쳐 놓으면서 두 엄지손가락을 맞대는 형식으로, 결가부좌 상태로 참선에 들 때 취하는 수인이다.

항마촉지인은 석가모니가 부처가 되었을 때 취했던 손 모양으로, 오른 손바닥을 무릎에 댄 채 손가락으로 땅을 가리키는 모습이다. 이것은 오른 손바닥으로 마귀를 눌러 항복시키고 증인으로 땅의 지신을 불러서 자신의 깨달음을 증명한다는 내용이다. 이렇듯 일반적으로 항마촉지인은 오른손으로 취하는데, 이 불상은 왼손으로 취하고 있으므로 특이점이라 할 수 있다.

그리고 왼쪽 어깨에는 가사 끈을 묶어 만든 매듭이 사실적으로 조각되어 있다. 또 왼쪽 어깨에서 아래로 흘러내린 두 줄의 영총과 다리 위의 영총수실도 사실적으로 표현되어 있다. 가사는 양쪽 어깨를 덮고 있으며, 가슴을 가린 승기지(속옷)에도 매듭이 맵시 있게 조각되어 있는 것이 특징이다.

이 석조여래좌상도 불신 뒷면을 소홀히 하지 않고 사실적으로 세심히

● 용장사지 석조여래좌상 │ 뒷모습

조각해 놓았음을 엿볼 수 있다. 이것이 신라 석공의 장인정신이다.

　다른 측면에서 나는 불상이 아니라 상륜부가 부처님으로 장엄된 석탑
으로 보기도 한다. 석탑은 기단부, 탑신부, 상륜부로 구성된다. 이 불상
에서 맨 아랫부분의 직육면체 자연석은 기단부에 해당된다. 중간 부분에
있는 세 개씩의 북 모양과 둥근 원반 모양은 탑신부로, 각각 몸돌과 지붕
돌로 보는 것이다.

　그리고 일반적으로 석탑의 상륜부에는 화려하게 장엄을 하는데, 이는
부처님의 세계가 화려하기 때문이다. 따라서 여기에서는 부처님을 의미
하는 화려한 장엄 대신, 아예 부처님 자체를 올려놓았다. 그렇다면 상륜
부가 부처님으로 장엄된 3층 석탑이 되는 것이다. 이 또한 충분히 유추해

　　　　　　　　　　　　　　　　　　　　　경주, 역사를 품은 여행

● 용장사지 석조여래좌상 | 앞모습

볼 수 있는 부분이라 생각된다.

불상이라 부르든 석탑이라 부르든 부처님의 입장에서는 중요치 않을 것이다. 넓은 마음을 가진 부처님은 어리석은 중생들의 행동을 모두 감싸 주시고 안아 주시기 때문이다.

그리고 불교에서 '장엄'은 흔히 말하는 '장식'과 비슷한 용어이다. 하지만 장엄은 전생이나 과거에 쌓은 공덕의 결과로 주어지는 것이므로, 훈장과 같은 개념이다. 따라서 장식품은 누구나 가질 수 있지만, 장엄은 누구나 가질 수 있는 것은 아니다.

용장사지 마애여래좌상

용장사지 3층 석탑에서 내려오는 경우에는 이 마애여래좌상을 놓치고 지나가는 사람들을 많이 본다. 좁은 길의 바로 옆 절벽 바위에 새겨져 있고, 또 삼륜대좌불이 눈길을 사로잡기 때문에 보지 못하고 그냥 지나치는 경우가 종종 있다.

이 마애여래좌상은 얕은 돋을새김으로 조각되어 있다. 머리카락은 나발로 표현되어 있으며, 코는 우뚝 솟아 있는 편이다. 목에는 세 줄의 주

● 용장사지 마애여래좌상 │ 용장골

● 용장사지 마애여래좌상 | 용장골

● 용장사지 마애여래좌상 ┃ 용장골

경주, 역사를 품은 여행

름인 삼도가 새겨져 있다. 삼도는 번뇌·업·고통을 상징하는데, 이것을 벗어나야 해탈의 경지에 이르게 된다.

광배는 신광과 두광이 모두 표현되어 있는데, 특별한 장식 없이 두 줄의 선으로 되어 있다. 옷자락은 겉옷인 가사와 속옷인 승기지를 표현하고 있는데, 속이 다 비칠 듯한 얇은 느낌으로 잘게 주름을 잡아 놓았다.

부처님의 손 모양인 수인은 왼손은 선정인, 오른손은 항마촉지인을 하고 있다. 그리고 결가부좌를 하고 연꽃 대좌에 앉아 계신다. 대좌의 연꽃은 가운데 꽃잎은 크게 나타내고 가장자리로 가면서 점점 작게 하여 끝에서는 사라지는 듯이 표현해 놓았다.

불상은 일반적으로 앙련과 복련을 같이 새겨 놓는데, 여기서는 복련이 생략되어 있다. 이것은 불상과 바위가 하나로 연결된다는 의미를 지닌다. 즉, 이 불상이 바위 속에서 나오는 모습을 극적으로 표현하려는 것이다.

그리고 이 마애불은 바로 옆에 있는 삼륜대좌불과는 달리 상태가 온전한 편이다. 우리 조상들은 큰 바위에는 신령이 깃들어 있다고 믿었기 때문에 바위에 새겨진 불상들은 함부로 손을 대지 않았다.

사실 신라에 불교가 들어오기 전에는 큰 바위 자체가 숭배의 대상이 되기도 했다. 따라서 큰 바위가 숭배의 대상이었던 상태에서 마애불이 새겨진 것이다. 그래서 사람들이 부처를 새겨 놓은 것이 아니라, 원래부터 바위 속에 있던 부처를 불필요한 부분을 걷어 내고 찾아낸 것이라고 표현하기도 한다.

삼화령 연화대좌

금오봉에서 남산순환도로를 따라 통일전 방향으로 가다 보면 용장사지
로 가는 갈림길이 나온다. 여기서 5분 정도만 가던 길을 계속 가면 언덕
위의 삼화령 연화대좌가 나온다. 삼릉에서 용장사지로 가는 답사객이라
면 이곳도 경유할 것을 추천한다. 삼화령도 남산에서 전망이 좋은 곳으
로 손꼽히는 곳이다.

신라 선덕여왕 때, 생의 스님의 꿈에 어떤 스님이 나타나 남산의 어느
골짜기로 데리고 갔다고 한다. 그러고는 풀을 묶으면서 여기에 자신이
묻혀 있으니 꺼내어 고개 위에 세워 달라고 했다. 다음 날 생의 스님은
꿈에서 본 곳을 찾아갔는데 정말로 풀이 묶여 있었으며, 땅을 파 보니 미
륵세존이 묻혀 있었다. 그래서 미륵세존을 삼화령 고개 위에 모시고 '생
의사'라는 절을 세웠다고 한다.

신라 경덕왕은 어느 해 삼월 삼짇날에 월성 귀정문에서 신하들에게 길
에 나가 영복승을 데려오라고 했다. 영복승이란 품위 있게 차려입은 스
님을 말한다.

마침 깨끗하게 차려입은 스님이 지나가는 것을 보고 왕에게 데려갔다.
그런데 왕은 자기가 말하는 영복승이 아니라며 돌려보냈다. 다음으로,
남루한 옷차림에 다구를 지고 오는 스님을 데리고 갔다. 왕은 그를 보자

● 연화대좌 | 삼화령

마자 기뻐하며 맞아들였다.

왕은 스님에게 어디서 온 뉘신지 물었다. 스님은 충담이라고 하며, 매년 3월 3일에 남산 삼화령에 있는 미륵세존께 차 공양을 하는데, 지금도 차를 올리고 오는 길이라고 했다.

왕은 "스님이 「찬기파랑가」를 지었다고 들었는데 정말인가?"라고 묻자, 충담 스님은 그렇다고 대답했다. 「찬기파랑가」는 화랑 기파랑의 인품과 절개를 찬양하는 향가이다.

왕은 스님에게 백성들이 편안하게 살게 해 주는 노래를 지어 달라고 부탁했다. 그때 충담 스님이 왕명을 받들어 지은 노래가 「안민가」이다. 「안민가」의 내용은 '임금은 임금답게, 신하는 신하답게, 백성은 백성답게 하면 나라가 태평해진다'는 것이다. 즉, 각자 자신의 소임만 다하면 세상이

● 삼화령 │ 남산순환도로

평안해진다는 의미이다.

　삼화령은 용장골로 뻗어 내린 산줄기와 금오산 정상 쪽으로 뻗어 간 산줄기 그리고 남쪽으로 뻗어 내려 고위산에 연결되는 세 갈래의 산줄기가 모여 꽃송이처럼 솟아 있는 봉우리이다. 즉, 세 갈래의 산줄기가 모여 꽃송이를 이루는 고갯길이라 하여 '삼화령'이라 부른다.

　현재 삼화령에는 미륵세존은 없어지고, 지름이 2m인 연화대좌만 남아 있다. 이 정도 규모라면 아주 큰 부처님이 안치되어 있었을 것으로 추정된다.

　『삼국유사』에는 삼화령이 남산의 남쪽에 있으며, 미륵세존을 고개 위에 모시고 아래에는 생의사를 지었다고 기록되어 있다. 남산 남쪽에 있

● 삼화령 연화대좌 │ 용장사지 3층 석탑에서 본 모습

는 삼화령 고갯길에는 지금 남산순환도로가 개통되어 있다. 순환도로 위쪽에는 연화대좌가 있으며, 아래쪽에는 절터가 남아 있다. 이러한 여러 가지 정황으로 볼 때, 용장골에서 오산골로 넘어가는 이 고개가 『삼국유사』에서 언급하는 삼화령이 맞겠다는 생각이 든다. 하지만 삼화령 위치에 대한 논쟁은 아직까지 남아 있다.

삼화령 연화대좌는 큰 암벽 위에 놓여 있기 때문에, 용장사지 3층 석탑에서 보면 부처님 모습으로 보이기도 한다. 연화대좌는 머리처럼, 받치고 있는 큰 암벽은 몸체처럼 보인다. 미륵세존은 사라졌지만 또 다른 부처님이 환생한 것처럼 말이다.

남산에서 가장 큰 불상

약수곡 마애여래입상

약수곡 마애여래입상은 높이가 8.6m로서 경주 남산에서 가장 큰 불상이며, 9세기에 조성된 것이다. 몸체 부분은 자연암반을 이용하여 새겼으며, 머리와 두 발은 따로 제작하여 결합시킨 방식이다. 하지만 머리와 한쪽 발은 현재 사라지고 없는 상태이다.

가사(겉옷)는 양어깨에 걸쳐져 주름이 잡힌 상태로 수직으로 흘러내리고 있다. 또 승기지(속옷)는 초승달 모양으로 주름져 층층이 내려가는데, 이렇게 주름을 표현한 기법은 이 불상에서만 볼 수 있는 특이점이다. 주름의 표현이 대조적이지만, 직선과 곡선의 조화가 절묘하게 어우러져 아름다움을 극대화시키고 있다.

● 약수곡 마애여래입상 | 약수골

남산에 있는 석조 불상들은 머리 등이 파손된 경우가 많다. 이유가 뭘까? 여러 가

● 약수곡 마애여래입상 │ 약수골

● 약수곡 마애여래입상 | 손 모습

지를 추론해 볼 수 있다. 경주 지역에서 발생한 지진의 영향과 외적의 침입, 그리고 불교가 탄압을 받았던 시대적 상황 등이다.

그런데 큰 바위에 새겨 놓은 마애불들은 상태가 온전한 경우가 많다. 왜 마애불들은 손상되지 않은 경우가 많은 걸까? 우리 조상들은 큰 바위에는 신령이 깃들어 있다고 믿었기 때문에 함부로 손을 대지 않았다. 그래서 큰 바위에 새겨 놓은 마애불들은 파손되지 않고 온전히 보존되는 경우가 많았던 것이다.

경주, 역사를 품은 여행

● 약수곡 마애여래입상 ┃ 발 모습

● 약수곡 석조여래좌상 ┃ 약수골

약수곡 마애여래입상은 마애불이라고 부르지만, 머리와 발은 바위에 새긴 것이 아니라 따로 제작하여 결합시킨 것이다. 따라서 머리와 발은 돌로 만든 석조이기 때문에 피해를 입은 듯하다. 이처럼 하나의 불상이지만, 바위에 새긴 것과 돌로 만든 것의 운명은 다르다.

이 마애불은 금오봉 정상에서 약수골로 약 15분 정도 내려가면 만날 수 있다. 그리고 이곳에서 조금만 더 내려가면 석조여래좌상도 만나 볼 수 있다.

조각난 불상

입곡 석불두

삼릉에서 용장마을 방면으로 조금만 가면 삼릉정미소가 나온다. 도로 건너편에 있는 마을길을 따라가면, 여러 부분으로 조각나 있지만 범상치 않은 삿갓골 석조여래입상을 만날 수 있다.

삿갓골 석조여래입상의 공식 명칭은 '입곡 석불두'이다. 이 불상이 있는 계곡 정상부에 삿갓처럼 생긴 봉우리가 있어 '삿갓골'이라 부르며, 한 자로는 삿갓 립(笠)과 계곡 곡(谷)을 써서 '입곡'이라고도 한다.

● **입곡 석불두** | 삿갓골 석조여래입상

경주, 역사를 품은 여행

● **입곡 석불두** │ 삿갓골 석조여래입상

이 불상은 머리와 가슴 부분, 허리 아랫부분, 대좌 부분으로 조각나 있다. 그리고 상체 부분에는 광배가 부분적으로 남아 있다. 광배의 가장자리에는 불꽃 무늬가 돋을새김으로 조각되어 있으며, 안쪽에는 화불이 새겨져 있다. 따라서 머리만 남아 있는 것이 아닌데, 왜 공식적인 명칭은 '석불두'라고 하는지 모르겠다.

가사는 두 어깨에 모두 걸치는 통견을 하고 있으며, 몸이 비칠 듯이 얇은 형태로 표현되어 신체의 굴곡이 사실적으로 드러난다. 또 얼굴과 가슴, 손가락 등이 사실적이고 입체적으로 표현되어 있다. 이런 입체감은 석굴암 본존불과 유사하여 시기적으로도 비슷한 8세기 중엽으로 추정하고 있다.

비파암과 잠늠골 3층 석탑

신라는 나당전쟁 때 사천왕사를 세우고 문두루비법을 시행해, 당나라 군사를 두 번이나 수장시키면서 전쟁을 승리로 이끌 수 있었다. 그 후, 이 사실을 눈치챈 당나라가 사천왕사를 확인하기 위해 사신을 파견하자, 급하게 가짜 사천왕사를 만들었는데 그 사찰이 망덕사이다.

망덕사가 완성된 후, 효소왕이 참석한 가운데 낙성식이 열렸다. 낙성식은 일종의 건물 완공 기념식이다. 그때 행색이 초라한 스님이 왕 앞에

● 비파바위 | 비파골

● 석가사지 │ 비파골

나타나 자신도 같이 제사를 지낼 수 있게 해 달라고 간청했다. 그래서 말석에서 제사를 지내도록 했다.

하지만 왕의 입장에서는 거지꼴을 한 스님이 합석을 요청한 것은 기가 막히는 일이었다. 그래서 왕이 도대체 어디에 사는 스님인지 궁금해서 물었더니, 비파암에 산다고 했다.

그리고 왕은 살짝 비꼬듯이 "스님은 어디 가서 왕과 같이 제사를 지냈다고 말하지 말라."고 했다. 그러자 스님은 "폐하도 다른 사람에게 진신석가를 봤다고 말하지 마시오." 하면서 홀연히 사라져 버렸다.

그때 12살 어린 효소왕이 깜짝 놀라 신하들을 시켜 스님을 찾아가게 했다. 스님이 사라진 곳으로 따라가 보니, 비파바위(비파암) 위에 지팡이와 발우만 놓고 바위 속으로 사라져 버렸다.

● 비파곡 제2사지 3층 석탑 | 잠늠골

왕은 참회하는 의미에서 스님이 산다고 했던 비파암 근처에 석가사와 불무사를 세우고 지팡이와 발우를 나누어 안치했다. 비파골 옆 잠늠골에는 석가사와 불무사를 수호하기 위한 절을 세웠다고 한다. 비파골은 비파처럼 생긴 비파바위에서 유래했으며, 잠늠골은 외지고 험한 골짜기라 도적들이 숨어 들어와 잠을 자든 곳이라는 의미이다.

잠늠골에는 3층 석탑이 남아 있는데, 정식 명칭은 비파곡 제2사지 3층 석탑이다. 이 석탑은 높이가 3m로 아담하고 소박하면서도 균형이 잘 잡힌 탑이며, 9세기 후반에 조성된 것이다. 거칠게 다듬은 바위를 기단으로 삼았기 때문에 기단이 산봉우리와 하나로 연결된 것처럼 보인다. 따라서 거대한 하층 기단 위에 탑이 솟아 있는 것처럼 보이기도 한다. 이처럼 우리 선조들은 조형물을 조성할 때에도 자연과의 조화를 추구하였다.

경주, 역사를 품은 여행

● 비파곡 제2사지 3층 석탑 ｜ 잠늠골

　이곳은 남산에서 전망이 좋은 곳으로 손꼽히는 장소로, 내남들판이 한 눈에 내려다보인다. 그리고 석탑과 석양의 아름다움을 함께 촬영할 수 있는 곳으로도 유명하다.

창림사지

『삼국유사』에 따르면, 창림사는 신라 최초의 궁궐이 있었던 곳에 세워진 사찰이라고 전해진다. 신라를 세운 혁거세는 점차 나라가 안정되어 가면서, 혁거세 26년(기원전 32년)에 금성을 짓고 궁궐을 옮겨 갔다. 그리고 제5대 파사왕 때 금성에서 월성으로 다시 궁궐을 옮겨 간다. 금성의 위치는 현재 명확히 밝혀지지 않은 상태이다.

창림사지 3층 석탑은 높이가 약 7m로 남산 일대에서는 규모가 가장 크

● 창림사지 3층 석탑 ｜ 서남산

● **창림사지 3층 석탑** │ 상층 기단에 보이는 조각이 팔부중상

고 웅장한 석탑이지만, 상륜부는 사라지고 없는 상태이다. 그리고 이 석
탑은 8세기 중엽에 건립된 것으로, 전형적인 통일 신라의 석탑 양식을 띠
고 있다.

탑신부의 1층 몸돌 4면에는 부처님 영혼이 드나드는 문비가 새겨져 있
다. 그리고 상층 기단에는 팔부중상을 조각하였는데, 현재는 4구만 남아
있다. 이 석탑의 팔부중상은 우리나라에서 가장 먼저 제작된 것으로 추
정된다. 따라서 이 석탑 이후에 팔부중상이 새겨진 석탑들이 전국적으로
유행하게 된 것이다.

'팔부중'은 부처의 세계를 지키는 여덟 수호신을 말한다. 처음에는 석
가모니가 깨달음을 얻어 부처가 되려고 할 때, 이를 방해하면서 위협을
가했던 마귀였다. 하지만 부처님의 설법에 감동을 받아 불교에 귀의하면

● 팔부중상 | 창림사지 3층 석탑

서 불법을 수호하는 여덟 신이 되었다. '팔부중'은 '팔부신중' 또는 '팔부
신장'이라고도 부르며, 이를 조각으로 나타낸 것이 '팔부중상'이다.

또 창림사지에서 눈여겨봐야 할 것은 귀부이다. 귀부는 거북이가 조각
된 비석의 받침석을 말한다. 창림사지 귀부는 두 마리의 거북이가 고개

경주, 역사를 품은 여행

● 쌍귀부 | 창림사지

● 창림사지 3층 석탑 | 서남산

를 들고 엉금엉금 기어가는 모습이지만, 머리 부분은 파손된 상태이다. 그리고 거북이를 받치고 있는 사각대석은 귀퉁이를 모가 나지 않게 깎은 모죽임 기법으로 되어 있는 것이 특징이다.

일반적으로 귀부는 한 마리의 거북이로 조각되지만, 창림사지의 귀부는 쌍거북으로 되어 있는 것이 특이점이다. 이외에 신라의 쌍거북 귀부

● 창림사지 3층 석탑 │ 서남산

경주, 역사를 품은 여행

는 3곳이 더 있으며, 모두 신라 왕실과 밀접한 관련이 있는 사찰이다. 포항 법광사는 진평왕이 자신의 명복을 빌기 위해 세운 사찰이며, 무장사는 문무왕이 삼국 통일 후 전쟁 없는 평화의 시대를 염원하면서 투구와 병기를 묻은 곳이다. 또 숭복사는 원성왕의 명복을 빌기 위한 사찰이다.

창림사지는 서남산 자락의 산기슭에 위치하며 전망이 트여 있기 때문에 아름다운 일몰을 볼 수 있는 곳이다. 홀로 서 있는 석탑 너머의 석양을 보면 눈물 나도록 숙연해질 때가 있다. 또 하늘이 타오르듯 붉게 물들 때 실루엣으로 드리우는 석탑의 모습은 형용할 수 없는 아름다움으로 다가오기도 한다. 그래서 최근에는 일몰 사진을 촬영하는 곳으로 유명세를 타고 있다.

소박한 아름다움

남간사지 당간지주

박혁거세의 탄생 설화가 있는 나정에서 창림사지로 가다 보면 남간마을 들판에 남간사지 당간지주가 서 있다. 절이 있던 자리에 마을이 들어섰기 때문에 절의 흔적은 희미하지만, 당간지주가 남아 있어 그나마 다행이다.

절에서는 법회나 행사가 있을 때 이를 알리기 위해 절 입구에 '당'이라 불리는 깃발을 달아 둔다. 당을 매달아 두는 길쭉한 깃대를 '당간'이라 부

● 남간사지 당간지주 │ 서남산

● 남간사지 당간지주 | 총탄 자국

르며, 당간을 지탱하기 위해 당간의 양쪽에 세우는 지지 기둥을 '당간지주'라 한다.

남간사지의 당간지주는 특별한 장식이 없는 간단한 형태이지만, 소박한 아름다움을 간직하고 있는 작품이라 보물로 지정되어 있다. 경주 남산에는 147개의 절터에 129구의 불상, 99기의 탑 그리고 22기의 석등 등 무수히 많은 유물이 있다. 하지만 당간지주로는 남간사지의 것이 유일하다.

남간사지 당간지주의 높이는 3.6m로 규모가 큰 편에 속한다. 사실 당간지주의 크기를 보면 그 사찰의 규모를 가늠할 수 있다. 그렇다면 예전의 남간사는 규모가 큰 사찰이었음을 짐작할 수 있는 것이다.

이 당간지주의 또 다른 특이점은 불규칙적인 작은 구멍들이 뚫려 있는 것이다. 자세히 보면 총탄에 의한 자국임을 알 수 있는데, 한국전쟁 때 이 지역에서도 치열한 총격전이 벌어졌다는 흔적이다.

배동 석조여래삼존입상

배동 석조여래삼존입상은 온화하면서도 부드럽고 은은한 미소를 띠고 있는 아름다움 때문에 신라를 대표하는 불상으로 손꼽힌다. 중앙의 본존불은 천진난만한 미소를 짓고 있으며, 손 모양은 시무외인과 여원인을 취하고 있다. 또 발은 귀엽게 표현되어 있는 것이 특징이다.

시무외인은 두려움을 없애 준다는 약속을 의미하며, 손을 들어 올리고 손바닥을 밖으로 향하게 하는 손 모양이다. 여원인은 원하는 바를 모두

● 배동 석조여래삼존입상 | 서남산 선방골

● 배동 석조여래삼존입상 | 시무외인과 여원인

들어준다는 약속을 의미하며, 손을 내려서 손바닥을 밖으로 향하게 하는 손 모양이다.

좌 협시보살은 왼손에 정병을 움켜쥐고 있다. 이처럼 정병을 움켜쥐고 있는 형태는 통일기 이전에 주로 나타난다.

그리고 우 협시보살은 이중의 연꽃대좌 위에 서 있으며, 두광에는 5구의 화불이 조각되어 있다. 보살상의 광배에 화불이 배치되어 있는 것은 흔한 경우가 아니다. 또 구슬을 꿰어서 만든 장엄인 '영락'을 길게 걸고 있는데, 아래쪽에는 큰 연꽃 한 송이가 달려 있다. 조각 수법이 화려하며 신라 조각의 우수성을 잘 보여 주는 작품이다.

흐르는 물에 술잔을

포석정

포석정은 신라 왕실의 별궁으로 귀족들이 연회를 베풀던 장소이다. 이곳에는 전복 모양으로 만든 석조물이 있기 때문에, 전복 '포(鮑)', 돌 '석(石)'을 써서 포석정이라는 이름이 붙은 것이다.

이 포석에 물이 흐르도록 하고 중간중간에 소용돌이가 쳐 술잔이 머물도록 만들었다. 흐르는 물에 술잔을 띄워 술잔이 자기 앞에 머물게 되면 술을 마시고 시를 읊기도 했다.

● 포석정 | 서남산

148   경주, 역사를 품은 여행

● 포석정 | 서남산

　그리고 포석정은 경애왕이 후백제 견훤 군대의 습격을 받아 최후를 맞았던 장소이다. 이때 경애왕은 신하들과 연회를 베풀고 있었다고 전해진다. 과연, 적군이 도읍지까지 진군해 오는데 왕이 그 사실을 모르고 술잔치를 벌이고 있었을까? 아니다. 1934년에 일제는 포석정을 사적 1호로 지정했는데, 찜찜한 느낌이 드는 것은 왜일까?

　나라를 지킬 힘을 다한 경애왕은 고려에 도움을 요청했지만, 견훤 군대가 먼저 기습해 오게 된다. 이때 경애왕이 할 수 있는 일은 아무것도 없었다. 그래서 지푸라기라도 잡는 심정으로 포석정에서 남산신에게 신라의 안위를 비는 제사를 지내고 있었던 것이다.

경주에 백제계 탑 양식이?

늠비봉 5층 석탑

늠비봉 5층 석탑은 2002년에 복원된 백제계 석탑이다. '늠비'라는 용어
는 잘 들어 보지 못한 말이다. 무슨 뜻일까? 강에서 물살이 쎈 곳을 여울
이라고 하는데, 이 여울을 다른 말로 늠비라고 한다. 큰 늠비골과 작은
늠비골이 만나는 합수머리에 솟은 봉우리가 늠비봉이며, 해발 270m 정
도이다.

그리고 합수된 후 부엉골이 되어 포석정 쪽으로 흘러간다. 늠비골과 부
엉골이 속한 이 계곡을 아울러 '포석계곡'이라 부른다. 경주 남산에는 크
고 작은 43개의 골짜기들이 있으며, 그중에서 규모가 가장 크고 유량이
풍부한 계곡 가운데 하나가 포석계곡이다.

경주 지역에서 5층 석탑은 보기 드문 편으로, 늠비봉 그리고 현곡면 나
원리와 문무대왕면 장항리에 있다. 그중에서 늠비봉 5층 석탑은 경주 지
역에서는 보기 어려운 백제계 양식이다.

신라계 석탑의 양식은 섬세하면서도 세련미가 있으며, 백제계 양식은
투박한 듯하지만 단아한 세련미가 있다. 또 신라계 양식은 가냘픈 듯하
면서도 가냘프지 않으며, 백제계 양식은 투박한 듯하지만 날씬한 몸매를
지닌 특징을 가지고 있다.

그리고 사람에 비유하자면 신라계 양식은 정장 차림이면서 세련미가

● 늠비봉 5층 석탑 | 서남산 포석계곡

있으며, 백제계 양식은 캐주얼을 입었지만 세련미가 느껴진다고 표현하고 싶다.

현재 남아 있는 신라의 석탑은 대부분 통일 신라 때의 것으로 3층 석탑이 주류를 이룬다. 하지만 백제의 석탑은 5층이 주류를 이룬다는 점에서 차이가 있다.

석탑은 크게 받침대 부분인 기단부와 몸통 부분인 탑신부 그리고 윗부분의 장식물인 상륜부로 구성된다. 기단부는 주로 2단으로 구성되며, 탑신부는 몸돌과 지붕돌로 구성된다. 지붕돌은 주로 기와지붕을 연상하면 될 것 같다. 탑의 층수를 셀 때는 탑신부의 지붕돌 수를 헤아리면 된다.

그리고 기단부의 형태 면에서도 백제탑과 신라탑은 차이를 보인다. 신라계 양식은 기단의 넓이가 1층 탑신부보다 더 크며, 백제계 양식은 기단

● 늠비봉 5층 석탑 | 서남산 포석계곡

이 1층 탑신부보다 더 좁은 것이 일반적이다. 그래서 백제계 탑은 상대적으로 왜소한 것처럼 보이기도 한다.

늠비봉 5층 석탑의 탑신부는 정림사지 5층 석탑을 닮은 백제계 양식이지만, 기단부는 신라계 양식처럼 1층 탑신부보다 훨씬 넓은 특징을 가지고 있다. 따라서 이 석탑은 전체적으로는 백제계 양식을 띠고 있지만, 부분적으로는 신라계 양식이 가미되어 있다는 점에서 특이하다.

늠비봉 5층 석탑은 상륜부는 복원되지 않은 상태이며, 현재 남아 있는 탑재를 기준으로 본다면 높이가 약 5m이다. 자연암반 위에 세워진 이 석탑은 자연암반을 하층 기단으로 삼고자 했던 의도가 보인다. 자연암반을 다듬지 않고 그대로 살리면서 위쪽 탑재를 암반의 모양에 맞도록 다듬어

경주, 역사를 품은 여행

● 늠비봉 5층 석탑 | 그랭이 기법

올렸다. 이런 기법을 '그랭이 기법'이라고 한다. 이런 모습에서 자연과의 조화를 추구했던 선조들의 지혜를 엿볼 수 있다.

그런데 왜 백제계 양식의 석탑을 신라 땅에, 그것도 신라의 궁궐이 잘 보이는 남산의 늠비봉에 세웠을까? 사실 늠비봉 5층 석탑에 대한 자료가 거의 없는 상태이다. 전문가들의 일반적인 의견은 '통일 신라 말기에서 고려 초기에 만들어진 백제계 양식의 석탑이다.' 정도이다.

혹자는 고향을 떠나온 백제인들이 고향을 그리워하면서 세운 망향탑의 의미를 가진 것이라고 유추하기도 한다. 하지만 나의 생각과는 차이가 있다. 그래서 이 석탑이 늠비봉에 세워진 이유에 대해 나름대로 한번 유추해 보고자 한다.

● 늠비봉 5층 석탑 │ 서남산 포석계곡

먼저 주목해야 할 부분이 몇 가지 있다. 늠비봉에 올라서서 경주 시내를 바라보면 반월성이 보인다는 점이다. 또 이 석탑이 건립된 시기가 통일 신라 말기에서 고려 초기로 본다는 점이다. 그리고 백제계 양식의 석탑이라면 백제를 상징하는 의미가 내포되어 있다고 볼 수 있다는 점이다.

백제를 상징하는 석탑을 신라 궁궐이 내려다보이는 늠비봉에 누군가가 함부로 세울 수는 없을 것이다. 또 이런 석탑을 건립하는 데에는 많은 돈이 들어가기 때문에 경제력이 뒷받침되어야 한다. 그렇다면 신라 왕실을 지배할 수 있는 백제의 영향력이 행사되었다고 보는 것이 합리적인 유추가 아닐까?

이런 유추를 근거로 정리해 보면, 통일 신라 말기라면 927년에 후백제의 견훤이 신라를 점령하고 경애왕을 제거했던 적이 있다. 이때 후백제

● **늠비봉 5층 석탑** | 서남산 황금대에서 본 모습

의 요구로 신라를 점령한 기념비의 의미로 백제를 상징하는 석탑을 조성하고, 신라를 지배한다는 의미에서 궁궐인 반월성이 보이는 늠비봉에 석탑을 세웠다고 유추해 본다. 한마디로, 늠비봉 5층 석탑은 후백제의 '신라 점령 기념비'로 건립된 것이라 생각된다.

3

미소를 보다

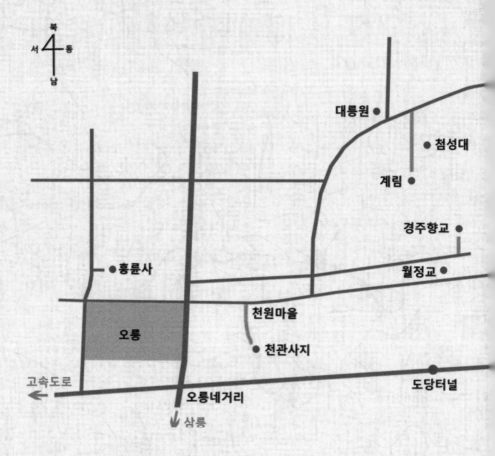

경주 시내권

북
서 4 동
남

대릉원 ●

● 첨성대

계림 ●

경주향교 ●

홍륜사 ●

월정교 ●

천원마을

오릉

● 천관사지

고속도로
←

도당터널

오릉네거리

↓ 삼릉

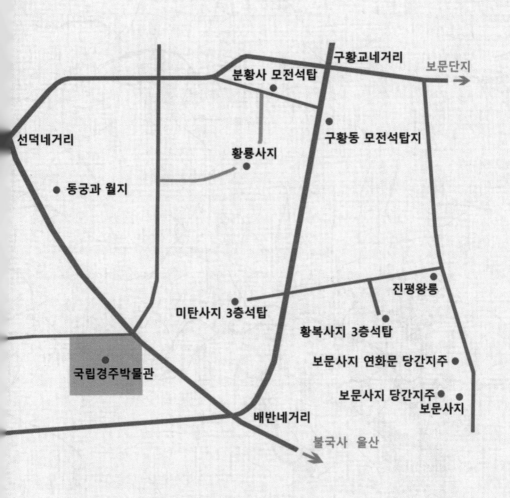

구황교네거리

보문단지

분황사 모전석탑

선덕네거리

구황동 모전석탑지

동궁과 월지

황룡사지

진평왕릉

미탄사지 3층석탑

황복사지 3층석탑

보문사지 연화문 당간지주

국립경주박물관

보문사지 당간지주

보문사지

배반네거리

불국사 울산

도굴꾼도 피해 간 비밀

대릉원

경주는 어디에서나 쉽게 큰 무덤을 볼 수 있을 정도로 능묘가 많이 분포되어 있다. 그중에서 왕릉급으로 관리되고 있는 무덤은 155기다.

이런 많은 무덤을 효율적으로 관리하기 위해서 1호분, 2호분과 같이 관리 번호를 붙인다. 그리고 아무런 특징도 없고 주인도 모르는 무덤에는 '분' 자가 붙는다. 예를 들면 '구정동 방형분' 등이 있다. 무덤의 주인을 알지만 왕이 아닌 경우는 '묘' 자를 붙인다. 김유신은 신라를 대표하는

● 황남대총 | 대릉원

● 미추왕릉 | 대릉원

인물이지만 왕이 아니었기 때문에 '김유신묘'라고 하는 것이다. 왕과 왕비의 무덤엔 '릉' 자가 붙는다. 무열왕의 무덤을 '무열왕릉'이라 부르듯이 말이다.

무덤의 주인이 누구인지 알 수 없으며, 그 무덤에서 발견된 유물이나 상징적인 특징으로 이름을 지을 때에는 '총' 자를 붙인다. 호우명 그릇이 발견된 무덤은 '호우총', 금관이 최초로 출토된 무덤은 '금관총'이다. '서봉총'은 스웨덴 황태자가 발굴에 참여한 것을 기념해 붙여진 이름인데, 스웨덴이 한자로 서전(瑞典)이다.

대릉원에는 여러 기의 무덤이 있지만, 그중에서도 천마총과 황남대총 그리고 미추왕릉이 대표적이라 할 수 있다. 미추왕은 김씨 중에서 가장 먼저 왕위에 올랐던 인물이다.

● 황남대총과 목련 | 대릉원 포토존

대릉원에는 봄에 목련꽃이 피면 많은 사람들이 사진을 찍기 위해 찾는 장소가 있다. 일몰 후 목련에 조명이 들어오면 아름다운 사진을 담을 수 있다. 이 목련의 뒷배경이 되는 무덤이 바로 황남대총이다. 황남대총은 규모도 크지만, 곡선미가 아름다운 대표적인 무덤이다.

황남대총은 길이 120m, 높이 23m로 규모가 아주 큰 무덤이다. 이처럼 큰 무덤을 발굴하기 위해서는 연습이 필요했을 것이다. 그래서 그 옆에 있던 작은 무덤인 천마총을 먼저 시험적으로 발굴하게 되었다. 원래 155호분으로 관리되고 있던 이 무덤에서 말의 안장에 붙어 있는 장니에 그려진 〈천마도〉가 발견되었다. 따라서 이 무덤은 '천마총'이라는 이름을 얻게 되었다.

경주, 역사를 품은 여행

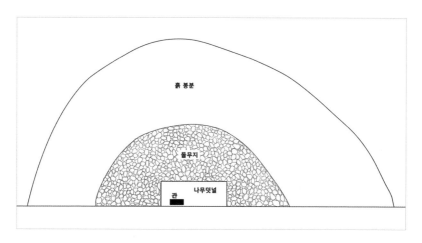

● 돌무지덧널무덤 | 무덤 구조

　황남대총은 발굴을 통해 북쪽은 여성의 무덤, 남쪽은 60세 전후 남성의 무덤으로 밝혀졌다. 이때 출토된 유물이 7만여 점에 이를 정도였으며, 단일 고분으로는 최대 규모의 발굴이었다.

　어떻게 도굴꾼들의 손길이 미치지 않고, 이 많은 유물들이 온전히 보존될 수 있었을까? 천마총과 황남대총은 돌무지덧널무덤이기 때문에 도굴이 어려운 구조이다. 그래서 수많은 유물을 고스란히 간직할 수 있었던 것이다. 돌무지덧널무덤은 시신을 안치한 관과 부장품을 넣어 두는 곳에 일정한 공간을 만들기 위해 나무덧널을 설치하고 그 위에 돌을 쌓은 다음 그 위에 흙으로 봉분을 만든다.

　황남대총은 발굴을 위해 흙과 돌을 걷어 내는 데 1년 정도가 소요되었으며, 그동안에 3,500여 명의 인원이 동원되었다고 한다. 그렇다 보니 신라의 돌무지덧널무덤은 사실상 도굴이 불가능했던 것이다.

첨성대

첨성대는 선덕여왕 때 만들어진 동양에서 가장 오래된 천문대이다. 사실 첨성대의 용도에 대해서는 여러 가지 이견이 있지만, 나는 개인적으로 천문 관측을 위한 천문대 역할을 했을 것이라고 생각하는 입장이다.

신라 시대는 농업이 중심이 되는 사회였다. 하늘의 움직임에 따라 농사 시기를 결정한다는 점에서 농업은 천문학과 관계가 깊다. 따라서 농경 사회에서는 천문대의 중요성이 그만큼 더 크다고 볼 수 있다.

● **고분의 달밤** │ 첨성대 옆

● 첨성대 | 황남동

그리고 첨성대를 구성하고 있는 구조물은 여러 가지 의미의 숫자를 담고 있다. 아래 기단부가 1단, 몸체부가 27단, 상층부가 2단으로 총 30단의 높이로 되어 있는데, 이것은 1달 30일을 의미한다. 또 몸체부의 27단은 신라 제27대 선덕여왕을 의미한다.

몸체부는 남쪽 중간에 있는 출입구 3단을 기준으로 아래로 12단, 그 위로 12단으로 되어 있다. 이것은 1년 12달과 24절기를 의미하는 것이다. 몸체부의 돌 조각 수는 365개로 1년을 의미한다. 그리고 높이는 9.48m이다.

이러한 숫자는 우연이라기보다는 처음부터 의도를 가지고 만들었다고 보는 것이 타당하다. 사실 우리 선조들은 구조물 하나를 만들 때에도 의미를 부여하면서 만들었다.

일반인들이 쉽게 관측할 수 있는 천문 현상으로는 일식과 월식 등이 있다. 일식은 지구상에서 볼 때 태양이 달에 의해서 가려지는 현상을 말하며, 월식은 지구의 그림자에 의해 달이 가려지는 현상을 말한다. 부분일식은 태양이 부분적으로 가려지는 현상을 말하며, 개기월식은 달이 완전

● **첨성대** | 개기월식

히 가려지는 현상을 말한다.

하지만 특정 지역에서 이런 현상을 접할 수 있는 기회가 자주 있는 것은 아니다. 나는 2020년 6월 21일 오후에 있었던 부분일식과 2022년 11월 8일 밤에 있었던 개기월식을 첨성대에서 사진으로 촬영한 경험이 있다.

일식에 비해 월식은 촬영하기 쉬운 편이다. 간단히 표현하면 달은 맨눈으로 볼 수 있지만, 태양은 맨눈으로 볼 수가 없다. 그만큼 빛의 양에 차이가 크다는 것이다. 그래서 일식을 촬영하기 위해서는 카메라의 기능만으로 적정 노출을 맞출 수가 없기 때문에, 빛의 양을 줄여 주기 위한 ND필터를 사용해야 한다.

ND필터는 쉽게 표현하면 흔히 사용하는 선글라스 기능이라고 보면 된다. 그런데 일식 촬영 때는 최대한 빛의 양을 많이 차단하는 ND필터를 사용하여야 적정 노출을 맞출 수 있다. 적정 노출이 되어야 태양의 윤곽을 선명하게 촬영할 수 있기 때문이다.

일반적으로 일식을 촬영할 때는 조리개는 최대한 닫고, 셔터 속도는 최

● 첨성대 | 부분일식

대한 빠르게 하고, 감도는 최대한 낮게 하여야 한다. 그리고 ND필터는 자신이 가지고 있는 최대한 어두운 것을 사용하면 되지만, 일반적으로 ND500 이상은 사용해야 어느 정도 노출이 맞을 수 있다. 결론은 이러한 여러 가지 조건을 조합해서 적정 노출을 만들면 된다.

일식이나 월식을 촬영할 때, 하나의 프레임으로 변화 과정을 촬영하면 해나 달이 너무 작아진다. 따라서 이 경우는 망원렌즈를 이용하여 해나 달을 크게 촬영한다. 그리고 일정한 간격으로 촬영한 사진을 조합하게 된다. 또 나는 일식과 월식을 촬영할 때 첨성대에 직접 간다. 그것은 첨성대가 가지는 상징적 의미를 부여하기 위함이다.

김알지 탄생설화가 서려 있는

계림

계림은 경주 김씨의 시조인 김알지가 태어났다는 전설을 가진 숲이다. 신라 제4대 탈해왕 때 충신이었던 호공이 이 숲에서 닭 울음소리가 들려서 가까이 가 보니 나뭇가지에 황금 상자가 빛을 내며 걸려 있었다고 한다.

왕이 이 소식을 듣고 직접 가서 상자를 내려 뚜껑을 열자, 그 속에서 사내아이가 나왔다. 황금 상자에서 태어났기 때문에 성을 '김(金)', 아기라는 뜻으로 이름을 '알지'라 했다. 그 후, 닭 울음소리가 들렸다는 이 숲을

● 계림 | 맥문동 필 무렵

경주, 역사를 품은 여행

● 계림 | 야경

'계림'이라 부르게 되었다.

'신라'라는 국호가 처음부터 사용된 것은 아니다. 처음에는 '서라벌'이
었다가, 김알지가 태어나면서 '계림'으로 바뀌게 된다. 그리고 지증왕 때
와서 '신라'가 국호로 되었다.

김알지 탄생설화는 인물의 신성함을 강조하기 위한 비현실적인 내용이
많이 가미되어 있다. 하지만 내용을 분석해 보면 당시의 사상과 역사적
인 가치들이 담겨 있음을 알 수 있다.

닭은 새를 신성시하는 토템사상과 연결되는데, 옛사람들은 새를 하늘
과 땅을 연결하는 매개체로 여겼다. 특히, 닭은 어둠을 물리치고 아침을
알리는 동물이기 때문에 신성시했던 것이다.

● **계림** | 안개 낀 아침

황금 상자가 등장하는 것은 일반 백성과 권력자 간의 관계를 차별화하기 위한 것이다. 신라 유물 중에서 금관 등 금으로 만든 장신구들이 많이 발굴된다. 금은 왕족과 귀족들이 사용하는 보석이기 때문에 권력을 한층 더 돋보이게 하는 역할로 활용된 것이다.

김알지는 왕이 아니었음에도 불구하고 이런 탄생설화가 있다는 것은 무시할 수 없는 권력을 가지고 있었다는 의미가 될 것이다. 김씨로는 제13대 미추왕이 최초로 왕위에 오르지만, 이때 김씨가 주도권을 잡았다고 보기는 어렵다. 미추왕은 석씨 집안의 사위로서 왕위에 올랐고, 다음 왕은 다시 석씨가 되었기 때문이다. 김씨가 왕위를 독점적으로 세습하기 시작한 것은 제17대 내물왕 때부터이다.

● 계림 | 안개 낀 아침

현재 계림에는 왕버들·느티나무·팽나무 등 100여 주의 고목들이 우거져 있으며, 산책로가 잘 정비되어 있다. 가을이 되면 붉게 물든 단풍을 즐길 수 있는 곳이다. 또한, 가을날 아침에 안개가 숲속에 짙게 드리우는 날을 만난다면 더 이상 표현할 수 없는 아름다움을 만끽할 수도 있다.

그리고 계림의 나무들은 여름에도 가을 단풍처럼 노랗게 변하는 경우가 있다고 한다. 이런 현상을 '계림황엽'이라 부르며, 이 모습은 경주 팔괴 중 하나에 속한다.

동궁과 월지

　동궁은 신라의 왕세자가 거처했던 별궁으로, 이곳에 있는 인공 연못이 월지다. 또 나라에 경사가 있을 때 연회를 베풀던 장소로 사용되기도 했다. 귀족들은 연회 때 월지에 띄운 나무배를 타고 풍류를 즐기면서, 주사위에 새겨져 있는 벌칙을 이행하는 주사위 놀이를 하기도 했다.

　월지에서 발견된 14면체 주사위인 주령구의 진품은 보존 처리 과정에서 불타 버렸다. 물기를 머금은 주령구를 건조기에 넣어 습기를 제거하

● 동궁과 월지 ｜ 인왕동

● 주령구 | 국립경주박물관

는 작업을 하는 과정에서 소실되는 비극이 발생한 것이다. 다행히 건조하기 전에 정밀조사를 해 둔 덕에 진품과 흡사한 모조품을 만나 볼 수 있다.

예전에 안압지라 불렸던 동궁과 월지는 귀족들의 호화로운 사치 생활을 보여 주는 증거물이기도 하다.

일몰 후 매직아워 때 조명이 들어오면 환상적인 장면이 연출되기도 한다. 그래서 요즘은 야경을 즐기기 위해 야간에 동궁과 월지를 찾는 사람도 많이 있다.

● 동궁과 월지 | 인왕동

금강역사의 시원

분황사 모전석탑

분황사 모전석탑은 현재 남아 있는 신라 석탑 가운데 가장 오래된 탑이다. 원래의 모습은 7층이나 9층으로 추정되나, 지금은 3층까지만 남아 있다. 기단의 네 귀퉁이에는 환조로 조각된 사자상이 놓여 있는 것이 특이점이다.

1층 탑신의 동서남북 4면에는 감실을 만들고 문을 달아 놓았다. 이 문은 실제적인 기능보다는 상징적인 의미가 더 크다고 볼 수 있다. 또 감실

● 금강역사 | 분황사 모전석탑

의 문 양쪽에는 부조로 조각된 금강역사가 한 쌍씩 배치되어 있는데, 매우 역동적이며 근육 등이 사실적으로 표현되어 있다.

금강역사는 사악한 것이 성스러운 곳에 들어오는 것을 막는 수문장 역할을 한다. 금강역사는 탑이나 절집 출입문 등에 많이 배치된다. 금강역사가 등장하는 시원이 되는 탑이 분황사 모전석탑이다.

사찰에서는 '금강'이라는 용어를 많이 사용한다. 금강석은 아주 단단해서 잘 깨지지 않는다. 따라서 금강석처럼 변함이 없는 마음을 가진 존재가 부처님이라는 의미다. 이 때문에 절에서는 금강이라는 단어를 흔히 사용한다.

탑은 사용 재료에 따라 나무로 만든 '목탑', 돌로 만든 '석탑', 흙을 구워서 만든 벽돌로 쌓은 '전탑', 돌을 벽돌 모양으로 다듬어 쌓아 올린 '모전

● 분황사 모전석탑 | 안개 낀 가을

● 분황사 모전석탑 ｜ 구황동

● 사자상 ｜ 분황사 모전석탑

　　　　　　　　　　　　　　경주, 역사를 품은 여행

● 당간지주 ┃ 분황사

석탑' 등으로 나뉜다. 그리고 모전석탑은 전탑을 모방했다고 해서 붙여진
이름이다.

　그리고 현재 분황사 정문 앞에는 당간지주가 하나 있다. 언뜻 황룡사에
속하는 것처럼 보이지만, 분황사에 속하는 당간지주로 간주된다.

신라의 염원을 담다

황룡사지

　고속도로 경주 요금소를 거쳐 시내로 진입하다 보면 가장 먼저 만나는 조형물이 얼굴무늬수막새이고, 그다음 만나는 조형물이 황룡사 치미이다. 아마도 경주를 대표한다는 의미를 내포하는 것 같다.

　치미는 기와지붕의 용마루 양 끝에 설치되는 장식물로, 황룡사 치미의 높이는 182㎝이다. 이 정도 크기의 치미라면 아주 큰 규모에 속하기 때문에, 금당의 규모도 대단했을 것이라는 짐작이 간다. 또 금당 앞에 있던 목탑의 규모도 상상을 초월했을 것이다. 치미를 자세히 들여다보면 사람 얼굴 문양이 조각되어 있는데 간소하면서도 우수한 표현력 때문에, 보고 있노라면 자연스레 미소 짓게 된다.

● **황룡사 치미** ｜ 국립경주박물관

● 금동장륙삼존불상 받침석 │ 황룡사지

    황룡사지 금당의 면적은 동서 길이가 51.7m이며, 남북 길이가 26.7m 로 420평(1,380㎡) 규모이다. 금당은 부처님을 모시는 건물을 통칭해서 부르는 말이다. 황룡사 금당의 주불은 높이 4.8m 이상의 장륙존상과 두 분의 협시불로 이루어진 금동장륙삼존불상으로 『삼국유사』에 기록되어 있다. 이는 신라 최대의 금동 불상으로 추측되지만, 정확한 크기와 제작 시기 등은 알 수 없다고 한다.

    불교 교리에 부처의 키가 1장 6척이라고 되어 있다. 장륙상은 이를 근 거로 하여 실물 크기로 만든 부처의 조각상이다. 요즘의 척도로 1척은 30 ㎝이기 때문에, 1장 6척을 환산하면 약 4.8m의 크기가 된다. 물론 정확 한 높이는 알 수 없지만, 금당터에 남아 있는 금동장륙삼존불상을 받치 고 있던 받침석의 크기만 봐도 불상의 규모가 대단히 컸음을 짐작할 수

● 방형석재와 심초석 ┃ 황룡사 목탑지

있다.

황룡사 9층 목탑의 높이는 80m이며, 면적은 한 변의 길이가 22.2m로 150평(493㎡) 규모이다. 당시 목탑의 규모가 얼마나 거대했는지를 보여주는 것이 지금도 남아 있는 심초석이다. 심초석과 초석들을 통해 감히 목탑의 위용을 가늠해 볼 수 있다.

심초석은 목탑의 가운데 기둥을 받치고 있던 석재이다. 심초석은 땅속에 묻혀 있어서 그 크기를 한눈에 파악하기는 어렵다. 하지만 심초석 윗면의 모습과 심초석 위에 놓여 있는 10톤 정도의 방형석재만 보더라도 그 규모를 짐작할 수 있을 것 같다. 심초석은 435㎝×300㎝의 긴 타원형으로 두께는 128㎝, 무게는 약 30톤이라고 한다.

● 목탑지 초석 | 황룡사지

　나의 기억으로는 대략 20여 년 전쯤에 이 탑을 복원하기 위한 본격적인 시도가 있었다. 하지만 그 당시의 목조 건축 기술로는 복원할 수 있는 높이가 40m 정도밖에 되지 않는다는 전문가들의 판단이 내려졌다. 그렇다면 실제적인 건축 기술로는 절반이 아니라 그보다도 훨씬 떨어진다고 보는 것이 맞을 것이다.

　최근에 다시 복원을 하기 위한 움직임이 일어나고 있으며, 전문가들은 80m 높이를 복원할 수 있다는 분위기이지만 기술적으로 가능한지 여부는 여전히 불명확한 상태이다. 또 건축 도면이 존재하지 않기 때문에 정확한 모습도 알 수 없는 상태이다. 다만 『삼국유사』 등에 기록된 내용에 의하면, 1층에 불상을 모신 예배 공간이 있고 계단을 통해 9층까지 걸어 올라갈 수 있다는 정도이다.

따라서 80m 높이의 목조 건축물을 기술적으로 건축할 수 있다고 하더라도 원형의 모습을 유추하는 데 따른 큰 난제가 아직 남아 있다. 현재로서는 남산 자락의 옥룡암 뒤편에 있는 부처바위에 새겨진 9층탑을 바탕으로 황룡사 9층 목탑의 모습을 유추하고 있다.

현재 황룡사지 서쪽에는 황룡사 9층 목탑의 구조와 관련 유물 등을 소개하는 황룡사 역사문화관이 자리하고 있다. 황룡사 9층 목탑은 여러 가지 이유로 당장 복원이 어렵지만, 이런 아쉬움을 달래 주기 위해 실제 크기의 10분의 1로 축소한 모형 탑을 만들어 전시하고 있다. 모형 탑이지만 정교하게 제작되어 있어, 그 옛날 황룡사에 우뚝 서 있었을 9층 목탑의 아름다움을 조금이나마 느낄 수 있다.

이 모형 탑을 제작하는 데에는 설계부터 제작 완성까지 약 8년의 기간이 소요되었다고 한다. 그런데 백제의 장인 아비지가 처음에 황룡사 9층 목탑을 만드는 데 소요된 기간은 3년 정도였다고 한다. 물론 현재는 원형을 유추하는 데 어려움이 따르겠지만, 첨단 장비 등이 없던 신라 시대에 비해 이 모형 탑을 만드는 데 소요된 기간이 훨씬 길었다는 점에서 아이러니한 느낌이 들 수밖에 없다.

날이 어두워지면, 황룡사 역사문화관 1층 로비에 있는 모형 탑에 조명이 들어온다. 야경으로 보는 목탑의 모습은 감히 형용할 수 없을 만큼 아름다워 보인다. 그리고 2층에는 전시관 및 영상관이 마련되어 있어 황룡사의 옛 모습을 공부하는 데 많은 도움이 된다.

황룡사 9층 목탑은 신라 선덕여왕 때 자장율사의 건의로 아비지에 의해

● **황룡사 9층 목탑 모형** │ 황룡사 역사문화관

643년에 공사를 시작해서 645년에 완공되었다.

황룡사 9층 목탑을 만든 이유는 크게 두 가지로 볼 수 있다. 하나는 선덕여왕을 여자라는 이유로 무시하고 조롱하는 주변국과 신하들에 대해 강한 지도력을 보여 주기 위한 표현이었다고 볼 수 있다. 또 하나는 주변에 있는 9개 나라를 물리치고자 하는 염원이 담겨 있는 것으로 볼 수 있다. 이런 염원 때문에 문화 수준이 백제보다 낮다는 국가적 자존심도 감수하면서 백제의 기술을 전수받아 이 탑을 건립한 것이다.

이 탑에는 층수마다 물리치고자 하는 적국이 명시되어 있는데 1층은 일본, 2층은 당, 3층은 오월, 4층은 탐라, 5층은 응유, 6층은 말갈, 7층은 거란, 8층은 여진, 9층은 예맥을 상징한다. 여기서 고구려와 백제가 등장하지 않는 것은, 신라가 삼국을 통일하기 이전부터 우리 삼국은 하나

● **황룡사 금당지** │ 안개 낀 아침

　　　　　　　　　　　경주, 역사를 품은 여행

● 황룡사 금당지 | 안개 낀 아침

의 민족이라는 의식을 가지고 있었음을 보여 주는 것이다. 이처럼 외적의 침입을 막고자 하는 염원이 담겨 있는 이 탑은 1238년 몽고의 침입으로 소실되었다.

　이런 황룡사가 창건된 것은 만들어질 운명 때문이었을까? 처음에는 월성 동쪽에 새로운 궁궐을 지으려고 했는데, 여기서 황룡이 나타나자 사찰로 바꾸어 짓게 하고 황룡사라 이름 붙였다고 한다.

미탄사지 3층 석탑

경주에 관심이 있는 사람이라면 황룡사지는 아마 모르는 사람이 없을 듯하다. 하지만 미탄사지는 처음 들어 보는 사람이 많을 것 같다. 경주 외곽에 있어서 그럴까? 아니다. 경주 시내에 있다. 그것도 황룡사지와 울타리를 맞대고 바로 남쪽에 위치하고 있는 절터이다. 지금은 폐사지가 된 허허벌판에 3층 석탑만 홀로 서 있다.

미탄사지 3층 석탑은 찾는 이가 거의 없지만, 위풍당당한 기품 때문에 외롭지 않아 보이는 탑이다. 자존심이 강해서일까? 아니면 당당한 기품 때문일까? 이 탑 스스로가 어쩌면 쉽게 찾아오지 못하게 하고 있는지도 모른다. 도로에서 조금 안쪽에 위치하고 있지만, 사람들은 눈길을 주지 못한다.

그리고 찾아가려고 해도 진입로 찾기가 쉽지 않다. 황룡사지 동편에 있는 산업로를 이용하면 되지만, 반드시 구황교네거리에서 고속도로 경주 IC 방향으로 진행해야 한다. 구황교네거리에서 900m 정도 남하하면 우측에 진입로 안내판이 보인다.

미탄사지 3층 석탑은 전체적인 양식으로 볼 때 통일 신라 시대에 건립된 것으로 보인다. 하지만, 세부적으로 보면 고려 초기에 건립된 석탑 양식이 혼재되어 있는 특이점을 지니고 있어 매우 주목받는 석탑이다. 따

● 미탄사지 3층 석탑 | 구황동

라서 이 탑이 가지고 있는 통일 신라의 석탑 양식과 고려 시대의 석탑 양식을 구분해 보고자 한다.

미탄사지 3층 석탑이 가지고 있는 통일 신라의 일반적인 석탑 양식은 2단의 기단부 위에 3층의 탑신부를 올린 점, 상·하층 기단에 각각 2주씩의 탱주가 새겨져 있는 점, 하층기단 갑석의 윗면에 2단의 받침이 있는 점이다. 그리고 상층기단 갑석의 아랫면에는 1단의 받침이, 윗면에는 2단의 받침이 있는 점이다. 이런 양식을 고려하면 8세기에 건립된 석탑으로 추정할 수 있다.

일반적으로 석탑의 기본 구조는 아래부터 기단부와 탑신부 그리고 상륜부로 구성된다. 상륜부는 탑의 상층에 화려하게 장식되어 있는 부분을 말한다. 그런데 상륜부는 파손이 쉬워 온전히 남아 있는 경우가 극히 드문 편이다.

● 미탄사지 3층 석탑 │ 구황동

탑신부는 몸돌(탑신)과 지붕돌(옥개석)로 구성되며, 지붕돌은 윗면인 낙수면과 아랫면인 받침면으로 이루어진다.

기단부는 몸돌에 해당하는 기단면석(중석)과 덮개돌에 해당하는 기단 갑석으로 구성된다. 기단면석에는 기둥 모양을 도드라지게 새길 수 있는데, 모서리에 있는 기둥은 '우주'라 하고, 우주 사이에 있는 받침 기둥은 '탱주'라 한다.

그리고 미탄사지 3층 석탑이 가지고 있는 고려 시대의 석탑 양식은 지붕돌에서 찾을 수 있다. 일반적으로 8세기까지 건립된 3층 석탑은 지붕돌 받침면이 각 층마다 5단의 층층이 계단으로 조각되는 것이 통상적이다. 하지만 이 석탑에서는 각 층마다 3단의 지붕돌 받침면이 조각되어 있다. 3단의 지붕돌 받침면은 주로 고려 초기에 건립된 석탑에서 나타나는 양식이다. 또한, 지붕돌의 폭이 통일 신라의 석탑에 비해 좁으며, 경사

● 미탄사지 3층 석탑 | 석양

가 급하게 조성되어 있는 측면을 보이고 있다.

결과적으로 이 석탑은 고려 초기에 신라 석탑의 양식을 계승해 건립된 것으로 이해하면 될 것 같다. 이 석탑은 고려의 양식이 가미되어 있지만, 전체적으로 볼 때 신라 석탑의 양식을 계승하고 있기 때문에 신라계 석탑으로 분류하는 것이 일반적이다.

그리고 요즘은 사진 촬영 명소마다 사람들이 붐비지 않는 곳이 없다. 하지만 이곳은 경주 시내에 있지만 아직 입소문이 나지 않은 곳이라 찾는 이가 거의 없다. 미탄사지에서 서쪽 방향으로는 높은 건물과 산이 없고 또 평지이기 때문에 탑과 함께 일몰 사진을 촬영하기 좋은 장소이다. 홀로 서 있는 석탑을 배경으로 붉게 물드는 노을을 만난다면 더 이상 환상적일 수 없다.

구황동 모전석탑지(도림사지)

　구황동 모전석탑지는 경주에서 포항으로 가는 산업로를 기준으로 서쪽에는 황룡사지가 있고 그 동쪽에 위치한다. 산업로 길가에 있지만 부재들만 방치된 듯 남아 있어 관심을 받지 못하는 곳이다. 그래도 예전에는 규모가 큰 절이었는데, 지금은 최소한의 공간만 모전석탑지로 남아 있고 나머지 주변 지역은 농경지로 변해 버렸다.

　모전석탑은 돌을 벽돌처럼 다듬어 쌓은 탑으로, 전탑을 모방했다고 해서 붙여진 이름이다. 전탑은 흙을 구워서 만든 벽돌로 쌓은 탑을 말한다. 모전석탑에는 1층 탑신에 동서남북으로 감실을 만들고, 그 감실 입구마다 1쌍씩 금강역사상을 세운다.

　현재 이곳에는 2쌍의 금강역사상이 남아 있는데, 분황사 모전석탑의 금강역사상과 크기와 모습 면에서 유사하다. 그렇다면 이곳에도 분황사와 비슷한 규모의 모전석탑이 있었음을 짐작케 한다.

　또 사찰의 규모도 상당히 컸을 것으로 생각된다. 이곳에 어떤 사찰이 있었는지 명확히 밝혀진 바는 없다. 하지만 여러 정황으로 볼 때, 도림사라는 절이 있었던 것으로 추정된다.

　도림사는 신라 제48대 경문왕과 관련된 설화가 『삼국유사』에 전해지는 곳이다. 경문왕은 왕이 되고 난 후, 갑자기 귀가 길어졌다고 한다. 부처

● 금강역사와 부재 | 구황동 모전석탑지

님의 귀도 긴데, 이는 세상 모든 중생들을 고통에서 벗어나게 하기 위해서는 많은 이야기를 들어야 한다는 의미이다.

하지만 경문왕은 자신의 귀가 보통 사람들과 달리 길어진 것에 대해 창피하게 생각했다. 왕은 일반 백성과는 달라야 할 텐데 말이다. 임금은 복두장에게 긴 귀를 가리기 위한 모자를 만들게 했다. 임금이 누구에게도 말하지 못하게 했기 때문에 모자(두건)를 만드는 복두장만 이 사실을 알게 되었다.

복두장은 다른 사람에게 이야기하지 못하고 혼자서만 평생을 가슴에 묻고 살아야 하는 것이 고통스러웠다. 그래서 생을 마감하기 직전에 와서야 도림사 대나무 숲에 들어가 '우리 임금님 귀는 당나귀 귀다!'라고 외칠 수 있었다.

● 금강역사와 부재 | 구황동 모전석탑지

그 후로는 바람이 불 때마다 대나무가 부딪히면서 '임금님 귀는 당나귀 귀'라는 소리가 났다고 한다. 이 소리가 듣기 싫었던 임금은 모든 대나무를 뽑아내고 그 자리에 산수유나무를 심게 했다. 그 후로는 '임금님 귀는 길다'는 소리가 났다고 한다.

「임금님 귀는 당나귀 귀」 설화는 우리가 잘 알고 있는 이야기이다. 따라서 설화의 근원지인 도림사라고 전해지는 구황동 모전석탑지도 눈여겨보면 좋겠다. 그리고 이 설화의 의미도 한번 생각해 보면 좋을 것 같다.

다른 나라에도 유사한 설화들이 있다. 이 설화들이 주는 일반적인 교훈은 '세상에 비밀은 없다'는 것이다. 물론 경문왕의 이야기도 이 교훈과 연관성이 있다. 하지만 좀 더 나아가 설화의 내용을 분석해 보자.

경주, 역사를 품은 여행

먼저 대나무와 산수유가 등장하는 이유는 무엇일까? 대나무는 베어내도 그 옆에 또 다른 대나무가 자라기 때문에, 완전히 뿌리째 뽑아내야 한다. 이것은 완전한 개혁을 의미하는 것이다. 그래서 경제적으로 어려움을 겪는 백성들에게 도움이 될 만한 새로운 나무인 산수유를 심었던 것이다.

산수유는 만병통치약으로 통했기 때문에 수익성이 높았다. 예전에는 산수유나무 세 그루만 있으면 자식들 대학도 보낼 수 있었다고 해서 '대학나무'라 불릴 정도였다.

하지만 산수유나무에서도 비슷한 소리가 났다는 것은, 유화책을 제시했지만 결과는 거의 같았다는 것이다. 이는 백성들이 원하는 근본적인 이야기에 귀를 닫고서는 문제가 해결되지 않는다는 교훈을 준다.

세상에 비밀은 없듯이 말과 행동에 조심해야겠지만, 교훈이 될 만한 이야기도 남에게 해 주지 않는 것이 현실이다. 우리도 남의 이야기에 귀를 닫고 사는 것은 아닌지 모르겠다.

한 번쯤은 도림사지라고 전해지는 이곳에 앉아 자신을 되돌아보는 것은 어떨까?

진평왕릉

진평왕은 재위 기간이 54년으로 신라 왕 중에서 박혁거세 다음으로 왕위에 오래 머물렀던 왕이다. 진평왕의 큰딸은 선덕여왕이며, 둘째 딸 천명공주는 무열왕의 어머니이다. 그리고 셋째 딸은 백제 무왕과 결혼한 선화공주이다.

신라 왕릉들은 경주 시내에 소재하고 있는 것들을 제외하고는 대부분 산기슭에 자리 잡고 있다. 그런데 진평왕릉은 예외적으로 보문들판 가운

● **진평왕릉** | 석양에 물든 모습

경주, 역사를 품은 여행

● 진평왕릉 | 노을

데에 자리 잡고 있는 것이 특징이다.

또한, 대부분의 왕릉들은 주변이 소나무 숲으로 둘러싸여 있어 다소 평온한 느낌이 들 수도 있지만, 한편으로는 갇혀 있다는 느낌이 들기도 한다.

하지만 진평왕릉은 들어가는 길목에 오래된 고목들이 든든하게 지키고 서 있으며, 앞쪽으로는 시야가 트여 보문들판이 펼쳐진 모습을 볼 수 있어 답답한 느낌이 들지 않는다. 그리고 주변에는 여러 종류의 고목들이 제각기 자태를 뽐내며 함께 어우러져 있는 모습이 마음을 편안하게 만든다.

세월의 흔적이 느껴지는 왕버드나무, 우람한 덩치의 회화나무 그리고 묘한 자태를 자랑하는 소나무 등이 왕릉과 벗이 되어 함께하고 있다. 진

● **진평왕릉** | 안개 낀 아침

평왕릉은 한적한 들판과 고목들 때문이지 몰라도 고즈넉한 분위기를 느낄

수 있는 곳이다. 따라서 심신이 지칠 때 찾아가면 위로가 되는 곳이다.

관광객들이 몰려드는 곳은 아니지만, 진평왕은 외롭지 않을 것이다.

고목들 사이로 물드는 아름다운 노을을 만끽할 수 있고, 또 봄과 가을날

아침에 안개가 자욱하게 드리우면 형용할 수 없는 운치를 느낄 수 있기

때문이다.

나는 이런 것을 두고 소박하지만 화려한 아름다움이라고 표현하고 싶

다. 이 고즈넉한 느낌과 아름다운 풍광을 또 어느 왕릉에서 만끽할 수 있

겠는가?

10월 어느 날 오후, 용장사지 3층 석탑에서 청춘 한 쌍의 여행객을 만

경주, 역사를 품은 여행

● **진평왕릉** | 안개 낀 아침

난 적이 있다. 그분들은 나에게 경주에서 가 볼 만한 곳을 추천해 달라고
했다.

　나는 한 치의 망설임도 없이 지금 산을 내려가면 일몰 시간이 될 테니
창림사지 3층 석탑으로 가라고 했다. 그리고 내일 아침에는 진평왕릉으
로 가 보라고 했다. 하지만 일몰 시간이 빠듯해 자세한 설명을 해 주지
못하고 보낸 것이 마음에 걸린다.

　일반인은 진평왕릉에 가서 '왜 진평왕릉을 가라고 했지?'라고 반문을
던질 수도 있다. 왕릉이나 고목 자체가 아름답게 보이지 않을 수 있어,
한눈에 보이는 아름다움을 찾기가 어려울 수도 있기 때문이다. 그래서
진평왕릉을 가면 단순한 아름다움을 찾기보다는 전체적인 고즈넉한 운치
를 느껴 보기 바란다.

드러나지 않는 은은한 매력

황복사지 3층 석탑

  황복사지 3층 석탑은 진평왕릉이 바라보이는 낭산 자락에 위치해 있지만, 찾는 사람이 많지 않다. 이 탑은 1943년 해체 수리 때, 금제여래좌상과 금제여래입상 그리고 금동사리함이 2층 지붕돌에서 발견되었다.

  그리고 사리함 뚜껑 안쪽에 새겨 놓은 글을 보면, 효소왕이 부왕인 신문왕의 명복을 빌기 위해 692년에 세운 탑이라고 되어 있다. 탑을 세운 목적이 명백하고 건립 연대를 정확히 알 수 있다는 점에서 매우 귀중한

● 황복사지 3층 석탑 | 구황동

● 금제여래입상 ∣ 국립중앙박물관   ● 금제여래좌상 ∣ 국립중앙박물관

석탑이다.

　신라의 고승인 의상대사는 625년에 태어나 20대에 황복사에서 출가를
했다. 따라서 황복사는 3층 석탑이 건립되기 이전부터 존재한 것으로 보
인다.

　황복사지 3층 석탑과 비슷한 시기에 건립된 탑으로는 감은사지 3층 석
탑(682년)과 고선사지 3층 석탑(7세기 말)이 있다. 이 탑들은 통일 신라
초기에 조성된 것으로서 유사한 형식을 가지고 있음을 엿볼 수 있다.

　초기의 석탑들이 웅장하고 거대한 것은 목탑에서 석탑으로 넘어가는
과도기에 축조된 것이기 때문에 목탑의 웅장함을 반영하고자 했던 것이

● 황복사지 3층 석탑 │ 보문들판에서 본 모습

다. 그리고 기단부와 탑신부에 우주와 탱주를 표현한 것, 낙수면이 경사를 이룬 것 등도 목탑 양식을 반영한 것이라 할 수 있다.

감은사지 3층 석탑처럼 웅장한 크기의 석탑을 만들기 위해서는 하나의 돌로 만들 수가 없어, 몸돌과 지붕돌을 여러 조각으로 나누어 만들어서 이어 붙일 수밖에 없다. 따라서 규모가 웅장한 석탑을 만들기가 상당히 어려웠으므로, 점차 규모를 줄이면서 몸돌과 지붕돌을 하나의 돌로 만들기 시작했다. 황복사지 3층 석탑이 바로 그 시원이 되는 석탑인 셈이다.

그리고 황복사지 3층 석탑은 웅장한 맛은 덜하지만, 듬직한 골격으로 인해 둔중한 느낌을 주기 때문에 안정감을 느끼게 한다. 지붕돌의 끝은 하늘로 살짝 올라가 경쾌함을 준다.

또한, 이 탑은 국보로 지정될 만큼 높은 가치를 인정받고 있다. 이 탑

● 황복사지 3층 석탑 | 안개 낀 아침

에서 나온 금제여래좌상과 금제여래입상이 국보로 지정된 점, 탑을 세운 목적이 명백하고 건립 연대를 정확히 알 수 있는 점, 몸돌과 지붕돌을 각각 하나의 돌로 만들기 시작한 시원이 된 점 등도 이 탑을 국보로 지정하는 데 기여했다고 볼 수 있다.

황복사지 3층 석탑은 웅장하거나 화려하지는 않지만, 드러나지 않는 은은한 매력을 소유한 석탑이다. 따라서 발길을 쉽게 돌리지 못하게 하는 힘을 가진 석탑이라 오래도록 머물게 된다.

보문사지 연화문 당간지주

진평왕릉에서 도로를 따라 조금만 더 가면, 보문들판 가운데 있는 낮은 당간지주가 눈에 들어온다. 보문사지 연화문 당간지주는 통일 신라 때 제작된 당간지주 가운데 가장 특수한 모습을 가지고 있는 것으로 평가되고 있다.

당간지주의 위쪽 바깥 면에는 원형으로 8장의 연꽃잎을 새겨 놓았다. 이처럼 당간지주에 연꽃 문양을 장식한 사례는 찾아보기 어렵다. 따라서

● 보문사지 연화문 당간지주 | 보문동

● 연화문 당간지주와 개망초 │ 보문사지

가장 아름답고 독특한 당간지주로 주목을 받고 있는 것이다.

이 당간지주의 높이는 다른 당간지주들에 비해 작아 보인다. 그 이유는 아랫부분이 땅속에 묻혀 있기 때문이다. 그리고 이 당간지주의 연화문은 낮은 키 때문에 더욱 도드라지게 보이는지도 모른다.

들판 가운데 홀로 서 있지만, 화려한 연꽃 장식 때문인지는 몰라도 기품이 당당해 보인다. 자신감이 넘쳐 주변의 시선 따위는 아랑곳하지 않는 당당함이 엿보이는 당간지주이다. 그래서일까? 이 당간지주를 자주 찾게 된다.

가을 들녘 황금들판

보문사지

보문동 들판에 있는 이 절터에서 '普門(보문)'이라 새겨진 기와가 발견되어, 절 이름이 보문사라는 것을 알 수 있었다. 현재 보문사지에는 금당지 · 목탑지 · 당간지주 등이 남아 있지만, 대부분의 절터는 논으로 변해버린 상태이다.

서쪽 목탑지의 중앙에는 심초석으로 추정되는 석재가 놓여 있다. 이 심초석에는 연꽃무늬가 새겨진 것이 눈여겨볼 만한 특이점이다. 심초석은

● **서쪽 목탑지 심초석** │ 저 멀리 당간지주가 보인다

목탑의 가운데 기둥을 받치는 석재를 말한다.

보문사지 당간지주는 한쪽은 윗부분이 파손되었지만, 남쪽 기둥은 온전한 상태로 남아 있다. 이 당간지주에는 위·중간·아래에 당간을 고정시키기 위한 네모난 구멍이 있다. 남쪽 기둥은 구멍이 완전히 뚫려 있지만, 북쪽 기둥은 남쪽 기둥과 마주 보는 위치에 구멍이 반쯤 뚫려 있다. 이는 다른 당간지주에서는 찾아보기 어려운 특이점이다. 또한, 이 당간지주는 가늘고 길며 소박하지만, 상·하부가 조화를 이루고 있어 안정감이 있다.

특히, 이곳은 가을 들녘이 아름다운 곳이다. 진평왕릉과 황복사지를 연계해서 벼가 익어 가는 황금들판을 거닌다면, 이토록 행복한 여행은 다른 곳에서는 경험하지 못할 것이다. 따라서 인적이 드문 이 보문들판을 천천히 걸어 보기를 추천한다.

경주향교

어느 날 원효 스님은 "누가 자루 없는 도끼를 빌려주면, 내가 하늘을 떠받칠 기둥을 깎으리."라고 노래를 부르며 길거리를 다녔다. 그 노래를 들은 무열왕은 귀부인을 만나 귀한 아들을 낳고자 한다는 것을 눈치챈다.

그래서 무열왕은 과부가 된 요석공주와 원효를 맺어 주기로 마음먹고, 궁중의 관리인 궁리에게 원효를 찾아 요석공주가 머물고 있는 요석궁으로 데려가라고 명했다.

원효는 남산을 내려와 문천교를 건널 때, 자신을 찾아다니는 궁리가 보이자 의도적으로 강물에 빠져 옷을 적신다. 이에 궁리는 원효를 요석궁으로 데리고 가 옷을 말리고 그곳에서 쉬게 했다. 그 후 요석공주는 원효의 아이를 낳게 되었으며, 그 아이가 설총이다.

현재 교촌마을에 있는 경주향교가 요석궁이 있었던 장소이다. 요석공주가 떠난 후 요석궁은 '국학'으로 바뀐다. '국학'은 신라 신문왕 때 설립된 국립대학이다. 그리고 국학이 있던 이곳에는 시대가 흐르면서 향교가 들어서게 되었다.

조선 시대의 향교는 국가로부터 노비와 토지 등을 지급받아 학생들을 가르쳤던 지방의 중등교육기관이다. 원래 향교는 교육 기능과 제사 기능을 가지고 있다. 하지만 현재 교육 기능은 거의 없어지고, 봄과 가을에

● 경주향교 | 요석궁 터

공자와 선현께 제사를 지내고 있다.

　향교의 건물 배치는 교육 공간인 명륜당이 앞쪽에 있고, 공자와 선현의 위패를 모시는 사당인 대성전이 뒤쪽에 있는 '전학후묘'가 일반적이다. 그런데 경주향교는 대성전이 앞쪽에 있고 명륜당이 뒤쪽에 있는 '전묘후학'으로 되어 있는 것이 특이점이다.

귀족들이 건너던 다리

월정교

경주에서 야경으로 유명한 곳 중에서 최근에 많은 인기를 얻고 있는 곳이 월정교이다. 월정교는 월성 남쪽으로 흐르는 남천(문천)에 놓여 있는 다리이며, 현재의 모습은 고증을 통해 2018년에 복원된 것이다. 월정교는 신라 경덕왕 때인 760년에 축조되었다는 기록이 『삼국사기』에 남아 있으며, 월성 남서쪽 지역으로 통하는 주요 교통로로 사용되었다.

월정교 남쪽에 있는 도당산은 귀족들이 국가의 중대사를 결정하는 화백회의가 열렸던 곳이다. 그래서 지금은 상징적으로 화백정이라는 정자를 지어 놓았다. 아마도 귀족들은 화백회의에 참석하기 위해 이 월정교를 이용했을 것이다.

● 월정교 | 교동

또 월정교는 충담 스님이 경덕왕을 만나기 위해 건너갔던 다리로도 추정된다. 왕이 궁궐의 서쪽 출입문인 귀정문에 있었고, 충담 스님은 3월 삼짇날에 남산 삼화령에서 미륵세존께 차 공양을 올리고 내려오는

● 월정교 │ 야경과 반영

중이었다. 따라서 충담 스님이 왕을 만나려면 귀정문과 연결되는 월정교를 건너야 했을 것이다.

　월정교도 일몰 직후에 조명이 들어오면 환상적인 아름다움을 연출하게 된다. 아래쪽 돌다리에서 바라보면 반영과 함께 야경을 볼 수 있다. 이 모습을 본다면 '과연 일품이다'라는 이야기가 저절로 나올 것이다.

천관사지

　월정교 남서쪽에 있는 천원마을에는 김유신과 천관녀의 사랑 이야기가 서려 있는 천관사지가 있다. 김유신은 기생이었던 천관녀와 깊은 사랑에 빠져 매일같이 그녀의 집을 찾아갔다. 그 사실을 알게 된 김유신의 어머니는 대업을 꿈꾸는 자의 행동이 아니라고 크게 꾸짖었으며, 그 후로 김유신은 천관녀의 집을 찾지 않았다.

　어느 날 김유신은 술에 취해 집으로 돌아가는 길이었는데, 그를 태운

● 천관사지 3층 석탑 | 교동 천원마을

● 천관사지 3층 석탑 | 교동 천원마을

말이 익숙한 듯 천관녀의 집으로 간 것이다. 정신을 차린 김유신은 자신의 말이 어머니와의 약속을 헛되게 만들었다는 이유로 말의 목을 그 자리에서 베어 버렸다. 그 모습을 본 천관녀는 김유신을 원망하며 세상을 떠났다.

천관녀의 신분에 대해서는 기생이 아니라 제사를 담당했던 천관이라는 견해도 있다. 하늘의 별자리를 관찰하고 천운을 점치면서 제사를 지내는 신녀(神女)일 가능성도 있다는 것이다.

● 천관사지 3층 석탑 | 교동 천원마을

● 천관사지 3층 석탑 | 노을

경주, 역사를 품은 여행

그 후 김유신은 천관녀의 넋을 달래기 위해 천관녀의 집터에 절을 세웠는데, 그 절이 천관사이다. 언제부터인가 절은 사라지고 오랜 세월 터만 남아 있다가 2019년에 천관사지 3층 석탑이 복원되었다.

이 석탑은 특이하게도 탑신부의 몸돌과 지붕돌이 8각으로 되어 있다. 또 지붕돌의 받침면에는 3단의 연꽃 문양이 조각되어 있다. 이런 모습은 신라 석탑에서는 유래를 찾아보기 어려운 독특한 양식이다.

천관사지는 월정교와 멀지 않은 곳에 위치하고 있지만, 관광객의 방문이 많지 않아 고즈넉하게 노을을 즐길 수 있는 곳이다. 붉게 물든 노을과 3층 석탑이 어우러지는 아름다움을 만끽해 보길 바란다.

얼굴무늬수막새

목조 건축물의 기와지붕은 넓은 암키와를 놓고 암키와와 암키와가 만나는 부분에는 수키와를 덮는다. 그리고 처마 끝에는 앞이 막힌 막새로 마감을 한다. 막새에도 암막새와 수막새가 있으며, 여러 가지 문양으로 장식을 한다. 암막새에서 앞이 막힌 부분, 즉 문양으로 장식된 둥근 부분을 '와당'이라고 한다.

신라 와당 중에는 연꽃무늬로 장식된 것들이 많다. 하지만 수줍은 듯해맑게 미소 짓는 여인의 얼굴이 조각된 매우 특이한 얼굴무늬수막새가경주에서 발견된 것이다. 이 아름다운 미소 때문에 얼굴무늬수막새를 우리는 '신라의 미소' 또는 '천년의 미소'라고 부른다. 이런 아름다움 때문에이 와당은 신라를 대표하는 유물이 된 것이다.

발견된 얼굴무늬수막새는 어떻게 보면 얼굴의 일부분이 떨어져 나간깨어진 기와 조각에 불과한 완전하지 못한 와당이다. 하지만 떨어져 나간 부분 때문에, 오히려 쑥스러워하는 듯한 여인의 모습이 더 잘 표현되고 있는지도 모른다.

가끔은 완전하지 못하기 때문에 더 큰 매력을 느끼게 되는 경우도 있다는 것을 이 와당을 통해서 경험하게 된다. 나는 이런 것을 두고 '불완전의매력'이라고 표현하고 싶다.

● 얼굴무늬수막새 ｜ 국립경주박물관

● 흥륜사 | 사정동

    1932년 경주 오릉 뒤편에 있는 영묘사지(지금의 흥륜사)에서 이 와당이 발견되었다. 경주에 있는 골동품상들의 이목은 이 희귀한 모습의 와당에 집중되었으며, 결국 당시 27세였던 일본인 다나까 도시노부의 손에 넘어갔다.

    다나까 도시노부는 경주에 있는 야마구치 의원에서 공중의로 근무하던 의사였다. 그가 1940년에 일본으로 돌아간 후 얼굴무늬수막새는 사람들의 기억 속에서 잊혔다.

    그 후 경주박물관으로부터 기증해 줄 것을 부탁받은 다나까 도시노부는 고심 끝에 1972년 경주박물관을 직접 찾아와 기증을 했다. 그 덕분에 쑥스러운 듯한 미소를 짓는 얼굴무늬수막새를 경주박물관에서 볼 수 있게 된 것이다.

경주, 역사를 품은 여행

● 화랑수련원 | (구)야마구치의원

　다나까 도시노부가 근무하던 야마구치 의원 건물은 지금도 그대로 남아 있다. 현재 경주경찰서 맞은편에 있는 화랑수련원이 바로 그 건물이다. 다나까 도시노부에 대한 고마움 때문인지 몰라도, 이 건물이 앞으로도 잘 보존될 수 있기를 기대해 본다.

　얼굴무늬수막새는 국보나 보물로 지정된 문화재는 아니지만, 그 가치의 중요성이 높아서 신라를 대표하는 문화재로 여겨지고 있다. 지금은 국립경주박물관에 가면 얼굴무늬수막새를 위한 별도의 공간을 만들어 전시 중이다. 그만큼 특별 대우를 받고 있다는 느낌이 들어 보는 나도 기분이 좋아진다.

황룡원과 보문정

보문단지 벚꽃 명소

벚꽃 시즌이 되면 경주는 도시 전체가 벚꽃 천지가 된다. 벚꽃이 만개할 때면 꽃잎이 날려 꽃비가 내리듯이 환상적인 경관을 연출하기도 한다. 이 시기의 경주에는 사진 명소가 여러 곳 있지만, 그중에서도 보문단지를 빼놓을 수 없다.

보문단지에는 어디에서나 보이는 황룡원 중도타워가 있다. 중도타워는 높이 68m로, 황룡사 9층 목탑을 모델로 해서 현대식 철골과 목재로 지어

● 중도타워와 벚꽃 | 신평동

경주, 역사를 품은 여행

● 보문정 | 신평동

졌다.

　황룡원 앞 도로 양쪽에는 오래된 벗나무들이 늘어서 있다. 벗꽃은 야간
에 조명을 받으면 유난히도 화려해진다. 그래서 야경을 즐기기 위해 찾
는 사람들이 많다. 특히, 중도타워에 조명이 들어온 모습과 벗꽃이 조명
을 받는 장면을 사진으로 촬영하기 위한 포토존이 각광받고 있다.

　그리고 인근에 있는 보문정은 연못과 벗꽃이 어우러져 만들어 내는 풍
경이 한 폭의 그림이 된다. 이곳도 일몰 시간에 조명이 들어올 때, 정자
와 벗꽃의 반영을 담는 것 역시 빼놓을 수 없는 포토존이다. 또한, CNN
에서 '한국에 가면 꼭 가 봐야 할 장소'로 선정한 곳이기도 하다.

효율적인 답사 여행을 위해

국립경주박물관

천년고도 경주를 답사함에 있어 경주 남산 못지않게 빼놓을 수 없는 곳이 국립경주박물관이다. 그런데 박물관 하면 따분하다고 여기는 사람들이 많다. 하지만 신라의 역사를 효율적으로 이해하기 위해서는 박물관을 관람해야 한다.

그것도 먼저 국립경주박물관을 찾는다면 더 효율적인 답사 여행이 될 수 있다. 그 이유는 박물관에서 신라의 역사를 먼저 개괄적으로 이해한다면, 각 유적지가 지니는 의미를 제대로 파악할 수 있기 때문이다.

국립경주박물관은 전시실에 전시된 유물뿐만 아니라 야외에 전시된 유물들도 많다. 야외에 있기 때문에 중요성이 떨어지는 유물이라고 단순히 오해하는 경우가 있는데, 그렇지 않다는 것을 이야기해 주고 싶다.

야외에 있는 철와골 불두, 장항리 절터의 불상, 고선사지 3층 석탑, 숭복사지 쌍귀부, 아라비아 문양 그리고 이름 없는 불상들도 시간적 여유를 가지고 눈여겨보면 좋을 것 같다.

국립경주박물관에는 10만여 점의 소장품이 있지만, 그중에서도 나름대로 대표적인 유물이라고 여겨지는 것들을 선별해서 몇 가지 소개하고자 한다.

● 고선사지 3층 석탑 │ 국립경주박물관

고선사지 3층 석탑

고선사지 3층 석탑은 덕동호가 건설되면서 수몰 위기에 처해지자 국립
경주박물관으로 옮겨 왔다. 고선사지 3층 석탑과 감은사지 3층 석탑은
통일기를 맞이하면서 비슷한 시기에 축조된 석탑이다. 이 두 석탑은 언
뜻 보기에는 서로 다른 모습처럼 보이지만, 사실 쌍둥이 탑이라 할 수 있
을 만큼 많이 닮아 있다.

감은사지 3층 석탑은 상륜부에 찰주가 남아 있고, 고선사지 3층 석탑
은 상륜부에 복발과 앙화가 남아 있기 때문에 다른 모습으로 보일 수 있
다. 하지만 2단으로 된 기단 위에 3층의 몸돌과 지붕돌이 여러 개의 석재
로 이루어진 점, 노반까지의 높이가 모두 10.2m라는 점, 82장의 돌로 이
루어졌다는 점과 더불어 전체적인 모습에서 너무나도 닮아 있다.

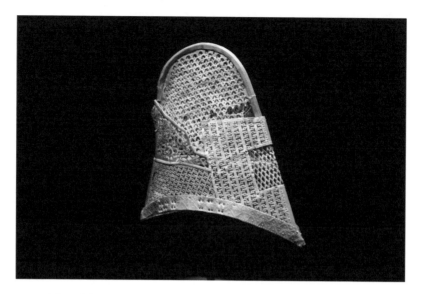

● 모관 | 국립경주박물관

모관

신라에는 금·은·금동 등으로 만든 머리에 쓰는 관(冠)이 남아 있다. 머리띠 형태의 대관, 고깔 모양의 모관 등 다양한 재질과 형태의 관이 있다. 금으로 만든 관은 최고의 권위를 가진 자만이 소유할 수 있으며, 착용자의 신성성과 정통성을 보여 주는 상징적인 유물이다.

왕족이 아닌 일반 귀족이나 지방의 지배자에게는 금관이 아닌 금동관을 나누어 주었다. 또한, 금(金)은 오랜 시간 변치 않으면서도 빛을 발산하기 때문에 영원함과 고귀함의 상징으로 인식되었다. 따라서 아무나 금을 소유할 수 있었던 것이 아니므로, 권력을 한층 더 돋보이게 하는 역할을 했던 것이다.

경주, 역사를 품은 여행

● 임신서기석 | 신라

임신서기석

임신서기석은 신라 진평왕 때 두 명의 화랑이 나라에 충성하고 부모에게 효도할 것을 맹세하며,『예기』및『춘추』등 유교 경전을 3년 안에 익힐 것을 다짐하는 내용을 담고 있는 비석이다. 즉, 화랑들이 유교 사상과 도덕을 공부하고 몸소 실행할 것을 서약한 것이다. 이 비석의 길이는 약 30㎝이며, 너비는 윗부분이 12.5㎝이고 아래로 내려갈수록 좁아진다.

또 이 비석을 통해 유교 사상뿐만 아니라 신라에서도 한학이 발달했음을 알 수 있다. 그리고 삼국에서 한학의 발달과 정치·사회적 발전은 역사서 편찬으로 이어졌다. 이에 따라 고구려의『유기』·『신집』, 백제의『서기』, 신라의『국사』가 편찬되었다.

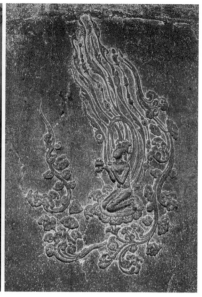

● 성덕대왕 신종 ｜ 통일 신라

성덕대왕 신종

　성덕대왕 신종은 우리나라에 남아 있는 범종 중에서 가장 큰 종으로 높이 3.75m, 무게는 18.9톤이다. 또 웅장하면서도 맑고 고운 울림이 긴 여운을 남기는 아름다운 소리를 내는 우리나라를 대표하는 범종이다. 천상의 세계를 나타내는 비천상은 정교하면서도 세련미가 느껴지는 것이 특징이며, 또한 생동감이 느껴지는 걸작이다.

　범종을 걸 때 사용하는 용뉴의 경우, 중국과 일본은 두 개의 용두가 대칭을 이루고 있어 앞뒤 구분이 없다. 한국에서는 단용으로 용두가 한 개이며, 용뉴 옆에는 음통이 붙어 있다. 즉, 용두 쪽이 앞쪽으로 앞뒤가 구분되는 특징이 있다. 또 음통을 통해 잡음을 뽑아내어 맑은 소리를 낸다는 장점을 지닌다.

● 장창곡 미륵삼존불 ｜ 국립경주박물관

장창곡 미륵삼존불

장창곡 미륵삼존불의 본존불인 미륵불은 의자좌상이다. 눈을 지그시 감고 사색하는 표정을 짓고 있으며, 두 다리를 아래로 내리고 의자에 앉아 있는 자세인 '의자좌'를 취하고 있다. 우리나라에서 의자좌를 취하고 있는 불상은 많지 않으며, 이 본존불은 의자좌상 가운데 시기적으로 가장 오래된 불상이다.

좌우 협시보살은 서 있는 입상이며, 아담한 체구에 입가에는 해맑은 미소를 짓고 있다. 보살상들은 천진난만한 미소 때문에 '애기 부처'라고도 불린다. 단단한 화강암을 이처럼 부드럽고 온화하게 표현한 것은 신라 특유의 조형 기술이다. 이런 미소 때문에 오히려 보살상이 주인공 역할을 하고 있다.

● 갑산사지 전불 ｜ 국립경주박물관

갑산사지 전불

갑산사지 전불은 경주시 안강읍 갑산리에서 발견되었다. 전불은 벽돌에 새겨진 불상을 말한다. 이 전불은 길이 8.3㎝, 너비 7.3㎝, 두께 1.3㎝로 작은 벽돌에 새겨진 불상이다. 여래입상을 중심으로 좌우 협시보살상을 배치하고, 협시보살상 위에는 화불이 새겨져 있다. 작은 크기의 벽돌에 꽉 채운 조각들이 아주 인상적인 작품이다.

좌우 협시보살상은 얼굴과 상체 그리고 하체가 세 번 꺾이는 삼곡 자세를 취하고 있다. 부처와 보살 모두 유난히도 몸이 길게 표현된 것이 특징이다. 또 광배와 옷자락이 섬세하고 자연스럽게 표현되어 있다. 그리고 이 전불은 갑산사에 있던 전탑을 장식하는 데 쓰였을 것으로 추정된다.

경주, 역사를 품은 여행

● **철와골 불두** | 국립경주박물관

철와골 불두

우리나라 태풍 역사상 가장 오래도록 회자되고 있는 것 중에 하나가 1959년에 닥쳤던 사라호 태풍이다. 이 태풍이 지나가고 나서, 통일전 뒤쪽에 위치한 철와골에서 불상 머리가 발견되었다. 이 불두는 높이가 153㎝이며, 무게가 1.7톤이다.

불상들은 신체 비율에 비해 머리를 크게 만드는 경우가 많다. 이유가 뭘까? 일반 비례로 머리를 만들었다면, 높은 곳에 위치한 얼굴은 예배자 입장에서는 잘 보이지 않을 것이다. 그렇다면 얼굴도 보이지 않는 불상을 두고 숭배심이 생길까? 따라서 철와골 부처를 만들 때도 의도적으로 비례를 왜곡시켰을 가능성이 높다. 4등신으로 만들어진 불상들이 많은 것을 고려한다면, 이 불상의 높이는 6m 정도로 볼 수 있을 것이다.

● **금동일광삼존불입상** | 국립경주박물관

금동일광삼존불입상

　하나의 광배 안에 삼존불이 표현되어 있는 이런 형식의 불상을 '일광삼
존불'이라 한다. 이런 형식의 불상은 6세기에 동아시아에서 유행했다.

　금동일광삼존불입상의 가운데 있는 본존불은 시무외인과 여원인의 수
인을 취하고 있으며, 좌우 협시보살은 합장을 하고 있는 모습이다. 시무
외인은 두려움을 없애 준다는 의미이며, 손을 들어 올리고 있다. 여원인
은 원하는 것을 모두 들어준다는 의미이며, 손을 내려서 손바닥을 밖으
로 향하게 하는 손 모양이다.

　광배에는 식물과 불꽃 무늬를 간략하게 새겨 놓았다. 높이는 10㎝이
며, 제작된 시기는 6세기경으로 추정하고 있다.

경주, 역사를 품은 여행

황금보검

● 황금보검 | 국립경주박물관

황금보검은 1973년 대릉원 옆에서 도로공사 중에 발견된 돌무지덧널무덤에서 나왔다. 서역에서 제작되어 들어온 이 황금보검의 주인은 20~30대의 건장한 남자이며, 신분이 매우 높은 신라인으로 추정한다.

신라인으로 추정하는 이유는 황금보검 이외에 외국에서 수입된 것이 없고, 장례 방식 등에서 신라의 전통을 보이기 때문이다.

황금보검의 크기는 36㎝로 크지 않은 편이며, 칼의 몸집은 대부분 부식되어 있었다. 하지만 칼집과 손잡이가 화려한 황금으로 치장되어 있다. 표면에는 S자형·타원형·바람개비 등의 문양을 만들고, 그 속에 유리질을 녹여 넣어 장식했다. 또 장식의 중간과 외곽에는 금 알갱이를 붙여 넣어 화려하게 꾸몄다.

그리고 측면에는 허리띠에 걸 수 있도록 하기 위해 골무 모양의 돌출부를 만들어 놓았다.

4

용을 보다

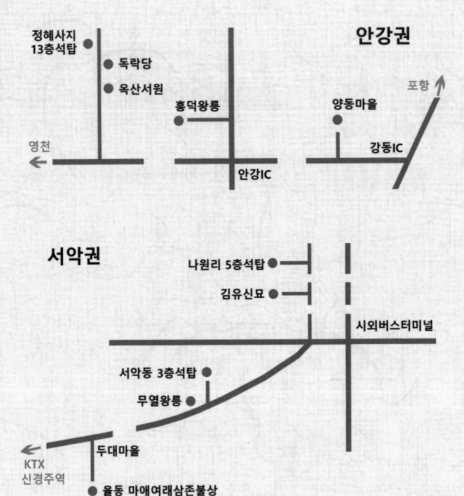

정혜사지
13층석탑

독락당

옥산서원

흥덕왕릉

영천

안강IC

안강권

양동마을

포항

강동IC

서악권

나원리 5층석탑

김유신묘

시외버스터미널

서악동 3층석탑

무열왕릉

두대마을

KTX
신경주역

율동 마애여래삼존불상

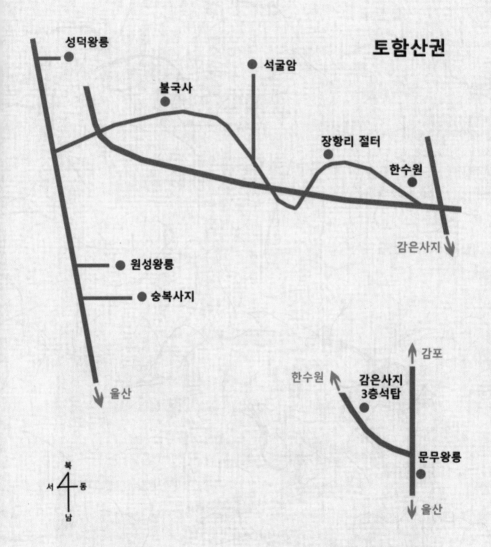

토함산권

성덕왕릉

불국사

석굴암

장항리 절터

한수원

감은사지

원성왕릉

숭복사지

울산

감포

한수원

감은사지
3층석탑

문무왕릉

울산

북
서 東 동
남

용이 머무는 곳

감은사지와 문무왕릉

신라는 676년 문무왕 때 나당전쟁에서 승리하면서 삼국을 통일하였다. 신라 입장에서는 통일이지만, 고구려와 백제 입장에서는 나라가 망한 것이다. 따라서 통일 직후에 고구려와 백제 지역에서는 나라를 되찾기 위한 부흥운동 등이 일어나면서 나라가 많이 어수선한 상태였다.

아직도 나라가 혼란스러운 시기인 681년에 문무왕이 세상을 떠났다. 문무왕 입장에서는 혼란스러운 나라를 아들에게 맡기고 죽는다는 것이

● 금당지 | 감은사지

경주, 역사를 품은 여행

● 감은사지 3층 석탑 │ 문무대왕면

걱정스럽지 않을 수 없었을 것이다. 그래서 "내가 죽거든 동해 바다에 장
례를 지내라. 그러면 내가 동해 바다의 용이 되어서 신라를 지켜 주겠노
라."는 유언을 남겼다. 문무왕의 뒤를 이은 신문왕은 아버지의 유언대로
동해 바다에 무덤을 만들었다. 그것이 바로 경주 앞바다에 있는 문무대
왕암이다.

문무왕은 부처의 힘을 빌려 왜구의 침입을 막고자 하는 염원에서 큰 절
을 짓기 시작했으나 완성하지 못하고 죽었다. 뒤를 이은 신문왕은 682년
에 절을 완성하고, 죽어서도 나라와 자식을 걱정하는 부왕의 은혜에 감
사한다는 뜻으로 절 이름을 '감은사'라 지었다.

그리고 절을 지을 때 동해 바다의 용이 된 부왕이 와서 쉴 수 있도록 금
당 바닥에 공간을 만들어 놓았다. 그래서 감은사지 금당의 바닥 구조는

● 감은사지 3층 석탑 | 문무대왕면

석조물로 만들어 놓았으며 아래에 빈 공간이 있다. 이처럼 다른 금당에
서는 볼 수 없는 구조로 되어 있는 것을 지금도 확인할 수 있다.

금당은 '금빛을 발산하는 집'이라는 뜻이다. 부처님은 금빛을 발산하기
에, 즉 부처님이 머무는 집이란 뜻이다. 금당은 사찰의 중심이 되는 법당
을 통칭해서 부르는 말이다.

법당은 어떤 부처님을 모시느냐에 따라 다른 이름으로 불린다. 석가모
니불을 모시는 집을 '대웅전' 또는 '대웅보전' 등으로 부르고, 비로자나불
을 모시는 집을 '비로전' 또는 '대적광전', '대광명전' 등으로 부른다. 그리
고 아미타불을 모시는 집을 '극락전' 또는 '무량수전', '미타전' 등으로 부
른다. 그런데 어떤 부처님을 모셨는지 모르는 경우에는 그냥 통칭해서
'금당'이라고 부른다. 감은사의 경우에는 법당에 어떤 부처님을 중심으로

● 감은사지 3층 석탑 | 별궤적

모셨는지 모르기 때문에 금당이라고 하는 것이다.

감은사지에는 금당터 앞에 2기의 3층 석탑이 있다. 원래 탑의 윗부분, 즉 상륜부는 화려하게 장식하지만 파손이 쉽다. 그래서 중간에 쇠막대기 같은 것을 세우고 상륜부에 장식을 하게 된다. 그 쇠막대기를 '찰주'라고 한다. 감은사지 3층 석탑은 어떤 이유인지는 모르지만 오랜 풍파를 겪으면서 상륜부 구조물은 모두 사라지고 찰주만 남게 되었다.

감은사지 3층 석탑은 우리나라 3층 석탑 중에서 가장 큰 규모로 총 높이가 13.4m이다. 이 석탑은 통일기가 시작하는 시점에 만들어졌기 때문에 세련되지는 않지만 웅장하고 당당한 기품이 느껴져 우리나라를 대표하는 석탑이다. 나는 이 웅장함에 반해 감은사지를 수도 없이 찾았다.

● 문무대왕릉 │ 봉길해변

동해구 삼거리에서 감포 방면으로 조금만 따라가면 '이견대'가 나온다. 문무왕릉 근처에서 용이 나타나는 것을 가장 잘 볼 수 있는 곳에 이견대를 세웠다. 이견대에서 바라보면 문무왕릉이 훤히 내려다보인다.

문무왕의 아들 신문왕은 어느 날 문무왕릉 근처 바다에 작은 산 하나가 떠내려왔다는 소식을 들었다. 그래서 이견대로 가서 보니 산 모양은 거북 머리 같았고, 그 산에는 대나무가 있었는데 낮에는 둘로 나뉘었다가 밤이 되면 하나로 합쳐졌다고 한다.

왕이 직접 그 산에 올라가니 용이 나타나 말하였다. "그 대나무로 피리를 만들어 불면 천하가 태평해지고, 가뭄이 들 때 불면 가뭄이 해갈될 것이며, 왜적이 침략해 올 때 불면 왜적이 물러갈 것이고, 전염병이 돌 때 불면 전염병이 사라질 것이다." 그 검은 대나무로 만든 피리가 '만파식적'

경주, 역사를 품은 여행

● 문무대왕릉 | 여의주를 물고 있는 용

이다.

문무대왕릉이 바라보이는 봉길해변은 '용'이 머무는 곳이라고 여겨져 용왕님께 기도를 드리기 위해 찾는 사람이 많다. 사실 이 지역 사람들은 대왕암이라 부르는 문무대왕릉에 함부로 올라가지 않는다고 한다. 그만큼 신성시 여기는 곳이다.

문무대왕릉을 무수히 찾아가던 어느 날, 해가 뜨기 직전에 경험한 일이다. 어둠이 깔려 있는 대왕암에 일렁이는 파도 때문에 용이 헤엄을 치고 가는 듯한 느낌을 받은 적이 있다. 나는 그때 대왕암에 용이 머문다고 생각하는 이유를 알 것 같았다.

마음의 여유를 느끼고 싶다면

장항리 절터

감은사지에서 대종천을 따라 서쪽으로 가다 보면 한국수력원자력 본사가 나온다. 이곳에서 토함산을 넘어 불국사로 가는 고갯길을 선택해 3㎞ 정도를 가면 개울 건너에 장항리 절터가 보인다. 장항리 절터는 토함산 동쪽 기슭의 계곡 깊숙한 곳에 위치하고 있어, 인적이 드물고 조용하여 마음의 여유를 느끼기에 좋은 곳이다.

1920년 발견된 2기의 5층 석탑과 1구의 불상은 최상급 수준의 뛰어난

● 장항리사지 5층 석탑 │ 문무대왕면 장항리

● 장항리사지 5층 석탑 | 문무대왕면 장항리

조각품이었다. 그런데 1923년에 도굴꾼들이 석탑과 불상 속에 들어 있는
사리 장치를 가져가기 위해 광산에 쓰던 폭약으로 폭파시키면서 산산조
각이 나 버렸다.

　그나마 서쪽 5층 석탑은 파손의 흔적은 있지만 온전하게 복원되어 있으
며, 가치를 높이 인정받아 국보로 지정되었다. 동쪽 5층 석탑은 무너져
서 계곡에 뒹굴고 있던 것을 모아 놓았는데, 현재는 1층 몸돌과 5개의 지
붕돌이 남아 있다. 신라에서는 5층 석탑이 드문 편이며, 그중에서도 5층
석탑이 쌍탑으로 되어 있는 것은 유일하다.

　장항리사지 석탑은 탑신부의 몸돌과 지붕돌을 각각 하나의 돌로 만들
었다. 또 1층 몸돌에는 4면에 문비를 새기고, 문비 안쪽에는 도깨비 문양
의 문고리를 조각해 놓았다. 그리고 문비 양쪽에는 문을 지키고 서 있는

● **금강역사** | 장항리사지 5층 석탑

한 쌍의 금강역사를 새겨 놓았으며, 이 금강역사는 연꽃 위에서 무기를 들고 권법 자세를 취하고 있다. 이 조각은 크기는 작지만 매우 정교하면서도 위엄 있게 조각된 걸작이다. 문비는 부처의 영혼이 드나드는 상징적인 문을 말한다.

경주, 역사를 품은 여행

석탑 동편의 금당 터에는 석조여래입상이 있었다. 대좌 부분은 현재 절터에 남아 있지만, 불신은 국립경주박물관에 옮겨 놓았다. 불신과 광배는 파손이 심하지만 최대한 복원을 해 놓았다.

● 장항리사지 석조여래입상 | 국립경주박물관

광배에는 화불이 배치되어 있고, 가장자리에는 불꽃무늬가 새겨져 있다. 또 광배와 불신이 하나의 돌로 조각되어 있는데, 이런 기법은 석공의 많은 노고가 필요하다.

온전한 모습이라면 석굴암 본존불에 버금가는 가치를 평가받았을 것이라는 생각이 든다. 그만큼 작품성이 뛰어난 불상이기에 볼 때마다 마음이 아프다.

대좌 부분은 아래와 위가 분리되어 있는데, 윗단은 원형이며 아랫단은 팔각형으로 되어 있다. 상대석에 해당하는 윗단은 연꽃이 조각되어 있는데, 앙련과 복련이 각각 16송이씩 조각되어 있다. 또, 꽃이 금방 피어난 것처럼 사실적으로 표현되어 있다.

일반적으로는 연꽃이 위로 향하는 앙련은 상대석에 새기며, 연꽃이 아래로 향하는 복련은 하대석에 새긴다. 그런데 이 불상에서는 앙련과 복련이 붙어 있는 것이 특이점이라 할 수 있다.

● 석조여래입상 대좌 | 장항리 절터

아랫단에는 하대석과 중대석이 조각되어 있는데, 이처럼 하대석과 중대석이 하나의 돌로 되어 있는 것도 특징적이다. 하대석에 해당되는 부분에는 아무런 장식이 없는데, 이는 땅과 연결되어 있음을 의미한다. 즉, 부처님은 인간과 다른 세상에서 출현하는데, 땅속에서 솟아나는 모습을 표현하고자 한 것이다.

그리고 이 대좌에서 가장 눈여겨봐야 할 부분은 중대석에 조각된 사자상이다. 사자는 부처님의 세계를 지키는 신성한 동물로서 불교 조각상에 자주 등장한다. 그런데 이 사자상은 사자의 위엄보다는 우리에게 웃음을 자아내게 하는 귀여운 자세를 취하고 있어 친근감이 간다.

사자상은 입을 벌리고 혀를 드러낸 채 고함을 치고 있는 듯한 모습이다. 손은 주먹을 쥐고 왼팔은 앞으로 쫙 뻗어 있으며 오른팔은 약간 굽어

경주, 역사를 품은 여행

● **사자상** | 장항리사지 석조여래입상 대좌

있다. 그래서 어릴 적에 봤던 만화 주인공인 '아톰'이 연상되어, 이 사자
상을 보고 있으면 미소를 짓게 된다.

엉덩이는 땅에 대고 앉아 왼발은 발가락으로 딛고 있는 듯하며, 오른발
은 살짝 들어 발가락을 움켜쥐고 있는 모습을 표현해 놓았다. 화가 잔뜩
나 있는 듯한 표정이지만, 오히려 익살스럽게 느껴지기도 한다.

살아서 튀어나올 듯 생동감 넘치는 이 사자상은 신성한 불단을 지키고
있지만, 근엄하거나 위협적이기보다는 보는 이로 하여금 여유를 가지게
하는 배려가 담겨 있는 듯하다.

석굴암 본존불상

통일 신라로 오면서 균형 잡힌 불상들이 많이 만들어지는데, 그 최고의 경지를 보여 주는 작품이 석굴암 본존불상이다. 석굴암은 돌을 쌓아 만든 인공 석굴 사원으로, 직사각형의 전실과 원형의 주실로 되어 있다.

석굴암 주실에 있는 본존불은 균형미와 더불어 사실적인 표현이 세련미를 더해 준다. 화려하지 않은 간소한 표현이 오히려 본존불의 아름다움을 더해 주고 있다. 또 기하학적 기법을 응용하여 조화미를 추구하였다.

석굴암 본존불은 왼손은 선정인을 하고 있으며, 오른손은 항마촉지인을 하고 있다. 항마촉지인은 석가모니가 마귀를 항복시키고 부처가 되었을 당시에 취했던 손 모양이다.

석가모니는 29세에 출가를 해서 6년간 고행 생활을 했지만, 깨달음을 얻는 데 실패했다. 그래서 선정에 드는 방법으로 바꾸고, 부드가야 보리수나무 아래에서 선정에 들어간다.

고행은 자지도 않고 먹지도 않으면서 자신을 혹독히 괴롭히며 깨달음을 얻는 과정이다. 그리고 선정은 먹을 것 먹고, 잘 것 자면서 참선을 통해 정신 통일로 깨달음을 얻는 방식이다.

선정에 든 지 49일 만에 깨달음을 얻고 부처가 되려고 하니, 온갖 마귀들이 찾아와 방해를 하게 된다. 하지만 정신 통일을 통해 마귀들의 위

● 석굴암 본존불상 | 진현동

협을 물리치고 부처가 된다. 이때 취했던 항마촉지인은 오른 손바닥으로 마귀를 눌러 항복시키고 증인으로 땅의 지신을 불러서 자신의 깨달음을 증명한다는 의미의 손 모양이다. 그래서 항마촉지인은 깨달음을 얻어 부처가 되는 순간을 상징한다.

그리고 부처가 되기 전, 선정에 들어가 깨달음을 얻는 과정이 바로 '보살'이다. 선정에 들어갔을 때는 태자의 신분이므로 머리에는 보관을 쓰고, 귀걸이와 목걸이를 하고 있었다.

따라서 현재 보살상이 보관을 쓰고 귀걸이와 목걸이를 하고 있는 것은 석가모니가 태자의 신분으로 선정에 들어갔을 때의 모습을 모티브로 하고 있는 것이다. 즉, 머리가 화려한 보관으로 장식되어 있다면, 부처님이 아니라 보살상인 것이다.

불국사

    일주문을 지나 가장 먼저 마주치는 모습은 불국사를 대표하는 상징적인 장면 중 하나인 석축과 돌계단이다. 석축을 기준으로 속세와 부처의 세계를 구분하는 경계가 된다. 또 양쪽에 있는 돌계단을 통해 올라가면 부처의 세계인 법당이 나온다. 물론 지금은 통행이 금지되어 있다.

    불국사는 석축이 아름다운 사찰이다. 인공적으로 다듬은 돌을 쌓아 놓았지만, 어색하지 않은 아름다움을 간직하고 있어 한참을 머물게 한다.

● 돌계단 | 불국사

● 청운교와 백운교, 자하문 | 불국사

불국사는 북쪽과 동쪽이 높은, 경사진 곳에 세워진 절이다. 따라서 서쪽과 남쪽의 가장자리에 석축을 쌓고 건물 터를 평탄하게 만들었다. 석축은 돌로 쌓아 올린 벽체를 말하는데, 석축의 형태에 따라 가구식 석축과 조적식 석축 등으로 구분한다.

조적식 석축은 돌만 단순히 차곡차곡 쌓아 올린 석축으로, 우리가 일반적으로 볼 수 있는 석축 형태이다. 가구식 석축은 기둥과 기둥 사이에 평방을 얹어 상자 형태의 틀을 만들고, 그 틀 안에 돌을 채워서 만든 석축을 말한다. '평방'은 기둥 위에 가로로 놓인 긴 돌을 말한다.

불국사의 석축은 가구식 석축으로 되어 있어, 다른 곳에서는 흔히 볼수 없는 아름다움을 지닌다. 틀 안에 쌓아 놓은 돌도 다듬은 돌이지만, 자연미가 살아 있는 것이 특징이다. 단면은 평편하게 다듬었지만, 돌과

● 석축 | 불국사

돌이 만나는 접촉면은 그랭이 기법을 활용해 자연스럽게 만들었기 때문
이다.

즉, 다듬은 돌이지만 인공적으로 만들었다는 딱딱한 느낌보다는 오히
려 가공된 세련미를 느낄 수가 있다. 그것은 일률적으로 같은 모양으로
만든 것이 아니라, 최대한의 자연스런 곡선미를 살렸기 때문이다.

'그랭이 기법'은 아랫돌 윗면의 굴곡에 맞추어 윗돌의 아랫면을 깎아서
짜 맞추는 방식으로, 톱니바퀴처럼 맞물리게 하는 기법이다. 이 기법은
자연적인 아름다움도 주지만, 지진에 견딜 수 있는 내진 설계의 기능도
하게 된다.

그리고 기둥과 평방이 만나는 지점마다 튀어나온 돌이 있는데, 이것을
'동틀돌'이라 한다. 석재들이 흔들리지 않게 석축에 못처럼 박아 둔 돌이

● 동틀돌 | 불국사 석축

동틀돌이다. 즉, 그랭이 기법과 동틀돌은 지진에 견딜 수 있도록 대비하기 위한 내진 시설로 만들어 놓은 것이다.

『삼국사기』의 기록을 참고하면, 경주 지역은 신라 때 30여 차례의 지진이 있었다고 한다. 그렇다면 불국사를 건축할 당시에도 신라인들은 여러 차례의 큰 지진을 경험하고 있었던 것이다. 따라서 건물을 건축할 때 지진에 대비하기 위한 내진 설계 기술을 철저히 적용하게 되었던 것이다.

그랭이 기법과 동틀돌 등 신라인들의 과학적 건축 기술 덕분에, 최근에 발생한 경주 지역의 강한 지진에도 무너지지 않고 거뜬히 견뎌 낼 수 있었다.

● 연화교와 칠보교 | 불국사

정면에서 봤을 때 오른편에 있는 청운교와 백운교를 올라가면 자하문을 만나게 되고, 이 문을 통과하면 대웅전이 나온다. 자하문은 부처님의 몸에서 뿜어져 나오는 자금색 빛이 안개처럼 서려 있는 문이란 뜻이다. '자하'는 자금색 빛이 너무 강렬해 안개처럼 하얗게 된다는 의미로 부처의 세계를 상징한다.

청운교와 백운교를 올라가면 석가모니가 계시는 대웅전이 나오므로, 속세와 부처의 세계를 연결해 주는 다리가 되는 것이다. 청운교는 푸른 청년을 의미하고 백운교는 백발노인을 의미하기 때문에, 인생을 표현한 것이다. 예전에는 청운교와 백운교 아래에 토함산에서 끌어온 물로 만든 연못이 있었다고 한다.

청운교와 백운교 왼편에 있는 연화교와 칠보교를 올라가면 안양문이

● 불국사 3층 석탑 | 다보탑에서 본 모습

나온다. 안양은 극락을 의미하므로, 안양문은 극락으로 들어가는 문이 된다. 따라서 안양문을 통과하면 아미타불이 머무는 극락전이 있다.

아미타불은 사람이 죽으면 극락으로 인도하는 부처님이다. 그래서 안양문을 통과하면 극락세계를 상징하는 극락전이 나오게 되는 것이다.

연화교와 칠보교는 아미타불이 거주하는 극락이 연꽃과 칠보로 장식되어 있다는 불경의 내용을 상징적으로 표현한 것이다. 극락정토에는 일곱 가지 화려한 보석, 즉 칠보로 장식된 연못이 있다고 한다.

불국사를 상징하는 돌계단을 올라가면 대웅전과 극락전을 만난다. 대웅전에 계시는 석가모니불은 현생의 중생들을 구제하는 부처님이므로 '현생'을 의미한다. 그리고 극락전에 계시는 아미타불은 죽은 사람을 극락으로 인도하는 부처님이므로 '내세'를 상징한다. 이처럼 불국사에는 현생과 내세가 동시에 건축물로 표현되어 있다.

● 다보탑과 석가탑 │ 불국사

　또 대웅전 앞에 세워져 있는 석가탑과 다보탑은 현재와 과거를 의미한
다. 석가탑과 다보탑을 같이 세운 이유는, 현생의 부처인 석가여래가 설
법하는 것을, 과거의 부처인 다보불이 옆에서 옳다고 증명한다는 『법화
경』의 내용에 따른 것이다.

　다보탑은 전형적인 석탑 양식에서 벗어난 특이한 형태이지만, 높은 예
술성과 건축술을 보여 준다. 이 탑은 층수를 헤아리기가 쉽지 않지만 보
통 2층으로 본다. 다보탑은 화려하면서도 균형이 잘 잡힌 아름다움과 세
련미를 지닌 석탑이다.

　통일 신라로 오면서 석탑은 삼국 시대의 목탑 양식을 계승하면서도, 전
형적인 석탑 양식을 완성하게 된다. 목탑 양식을 계승해 모서리마다 돌
을 깎아 기둥 모양을 새겼지만, 이중 기단 위에 3층으로 탑을 쌓는 독자

● 다보탑 | 불국사

● 석가탑과 다보탑 │ 불국사

적인 양식으로 만들어지게 된다.

'석가탑'이라 불리는 불국사 3층 석탑은 통일 이후 축조해 온 석탑의 기준이 되는 전형적인 양식이라 할 수 있다. 간소하면서도 세련미를 느낄 수 있으며, 균형과 비례가 맞는 아름다움을 지니고 있는 석탑이다. 일명 '무영탑'이라고도 한다.

그리고 석가탑은 쓸쓸하지만 수난의 역사를 통해 우리에게 빛나는 유산을 발견하게 했던 사연을 가지고 있다. 1966년, 도굴꾼들에 의해 뒤틀어진 탑신부를 보수하기 위해 탑을 해체하던 중에, 2층 몸돌에서 사리 장엄구와 함께 두루마리 책 한 권이 발견되었다. 이 두루마리 책이 바로 우리가 알고 있는 세계에서 가장 오래된 목판 인쇄물인 『무구정광대다라니

● 무구정광대다라니경 | 국립경주박물관

경』이다.

이『무구정광대다라니경』은 너비 8㎝, 길이 620㎝의 닥나무 종이로 만든 두루마리 책으로, 지금까지 보존될 수 있을 만큼 종이의 질이 우수하다. 또 우리 한지의 우수성을 세계에 널리 알리는 계기가 되기도 했다.

원성왕릉

8세기 말부터는 신라가 정치적으로 혼란에 빠지기 시작한다. 제37대 선덕왕이 후사 없이 죽자 김경신과 김주원은 왕위쟁탈전을 벌이게 된다. 이때 김경신이 승리하면서 원성왕이 된다. 신라에는 선덕왕이 2명 있었다. 우리가 잘 알고 있는 선덕여왕은 제27대 선덕왕을 말한다.

신라 왕릉 중에서 가장 화려하고 발달된 능묘는 원성왕릉이다. 원성왕릉은 관을 걸어 두었다고 해서 '괘릉'이라 불리기도 한다. 원성왕릉에는

● 원성왕릉 | 외동읍

● 원성왕릉 ｜ 외동읍

화려하면서도 사실적으로 표현되어 있는 십이지신상이 둘레돌에 조각되어 있다.

십이지신상은 갑옷을 입고 있는 무인의 모습을 하고 있다. 자세히 들여다보면 십이지신상이 들고 있는 무기와 형태가 갖가지로 다양하게 표현되어 있어 흥미롭다.

십이지신상은 시간과 방위의 개념을 가지고 있다. 첫 번째 동물인 쥐는 북쪽에 위치하고, 토끼는 동쪽, 말은 남쪽, 닭은 서쪽에 배치된다. 따라서 둘레돌에 새겨진 동물의 위치만 봐도 방위를 알 수 있다.

또 전성기가 되면서 석인상과 석사자상으로 화려하게 치장한 무덤들이 등장한다. 석인상은 무인석과 문인석으로 구분해 왔다. 그런데 무인석이라 부르던 석상은 오랑캐라는 의미에서 '호인상'이라 부른다. 서역인을 닮은 호인상을 통해서 이 시기에 서역과도 활발한 문물 교류가 있었음을 알 수 있다.

● 십이지신상 ｜ 원성왕릉

특히 원성왕릉의 호인상은 남성미가 넘치며, 얼굴 표정과 팔뚝의 근육이 아주 사실적으로 표현되어 있다. 또 역동적인 모습에 부라린 눈 그리고 덥수룩한 수염 등의 세밀한 조각이 아주 인상적이다.

문인석이라 부르던 석상은 '관검석인상'이다. 중국풍의 이 사람은 머리에 보관을 쓰고 있어 문관 관리라는 느낌이 든다. 그런데 입은 옷이 갑옷이며, 자세히 보면 칼을 세워서 잡고 있다. 문인이면서 검을 든 무인이라는 의미에서 '관검석인상'이라 한다.

사실 고대 사회에서는 문인과 무인의 역할 구분이 뚜렷하지 않았다. 즉, 문인과 무인의 역할을 동시에 수행하는 경우가 많았다. 따라서 문인

경주, 역사를 품은 여행

● 호인상 | 원성왕릉

석이라 부르는 것은 어색한 표현이다.

　원성왕릉의 사자상은 아주 사실적으로 표현되어 있는 것이 특징이다. 그리고 원성왕릉은 네 마리의 사자가 무덤 앞쪽에 석인상과 나란히 배치되어 있는 것이 특이점이다. 성덕왕릉과 흥덕왕릉은 네 마리의 사자가 무덤 주위를 호위하듯 둘러앉아 있다.

● 관검석인상 ｜ 원성왕릉

  사실 원성왕릉도 처음에는 무덤 주위에 배치하는 것을 염두에 두고 사
자상을 조각했을 것이라는 생각이 든다. 그런데 원성왕릉에는 무덤 뒤쪽
에 사자상을 놓아둘 공간이 없다. 따라서 부자연스럽게 억지로 배치하기
보다는 앞쪽에 2기씩 석인상과 나란히 배치해서 전체적인 조화를 이루게
한 것으로 보인다.

경주, 역사를 품은 여행

● 사자상 ｜ 원성왕릉

　이처럼 우리 선조들은 주변 환경과 어울리지 않는다면 일반적인 관례
도 과감히 탈피했다. 그만큼 자연과의 조화를 중요시한 것이다.

숭복사지

숭복사는 원성왕의 명복을 빌기 위한 사찰이며, 원성왕릉과 멀지 않은 곳에 위치하고 있다. 그리고 이곳에는 최치원의 4산비문 중의 하나가 세워져 있었다. 4산비문은 신라의 유학자이면서 문장가였던 최치원이 지은 4개의 비문을 말한다.

지금은 내용이 새겨진 비신은 사라지고 없으며, 비신을 받치고 있던 귀부만 남아 있다. 그런데 이곳의 귀부는 거북이 두 마리가 받치고 있는 쌍

● 숭복사지 3층 석탑 │ 외동읍

경주, 역사를 품은 여행

● 숭복사지 쌍귀부 | 국립경주박물관

거북 귀부라는 점이 특이점이다. 쌍거북 귀부는 신라 왕실과 밀접한 관련이 있는 사찰에서만 볼 수 있다. 왕실의 지원을 받았기 때문에 좀 더 화려하게 만들 수 있었다. 또 사실적이면서 생동감 넘치는 표현이 특징적이다.

그리고 숭복사지에는 불완전하지만 2기의 3층 석탑이 남아 있으며, 두 탑은 규모와 형태가 동일하다. 기단부는 두 층으로 되어 있으며, 상층 기단에는 팔부중상이 조각되어 있다. 팔부중상은 불법을 수호하는 호법신이다.

그리고 1층 몸돌에는 4면에 문비가 새겨져 있다. 문비는 부처의 영혼이 드나드는 상징적인 문을 말한다. 또한, 지붕돌 받침면의 층급이 4단으로 되어 있는 것으로 보아, 통일 신라 후기에 조성된 것으로 보인다.

무덤을 지키는 18개의 돌

성덕왕릉

신라 능묘 중에서 십이지신상이 조각되어 있는 무덤은 8기이다. 진덕여왕릉, 김유신묘, 성덕왕릉, 경덕왕릉, 원성왕릉, 헌덕왕릉, 흥덕왕릉이다. 그리고 주인을 알 수 없는 무덤인 구정동 방형분이다.

성덕왕릉의 십이지신상에서는 특이점을 찾아볼 수 있다. 다른 무덤의 십이지신상은 평면 판석에 조각되어 있지만, 성덕왕릉의 입체적으로 조각되어 무덤 주위에 세워져 있는 것이 특징적이다. 입체적으로 조각하는

● 성덕왕릉 | 조양동

● 십이지신상 | 성덕왕릉　　　　　　● 십이지신상 | 성덕왕릉

이런 기법을 '환조'라 한다.

　입체적으로 조각되어 세워져 있기 때문에 상대적으로 파손의 위험이 크다. 현재 상태는 대부분 머리가 없어져, 어떤 동물인지 파악하기가 어려울 정도이다. 하지만 남아 있는 조각들을 보면, 가지고 있는 무기와 형태가 아주 사실적으로 묘사되어 있음을 알 수 있다.

　성덕왕릉의 석인상에는 호인상은 없으며 관검석인상만 있다. 관검석인상을 문인석이라 부르는 경우가 많은데, 이는 어색한 표현이다. 중국풍의 이 사람은 머리에 보관을 쓰고 있어 문관 관리라는 느낌이 든다. 그런데 입은 옷이 갑옷이며, 자세히 보면 칼을 세워서 있다. 문인이면서 검을

● 관검석인상 │ 성덕왕릉

경주, 역사를 품은 여행

● 관검석인상 | 성덕왕릉

● 관검석인상 | 성덕왕릉

● 사자상 | 성덕왕릉

든 무인이라는 의미에서 '관검석인상'이라 한다. 사실 고대 사회에서는 문인과 무인의 역할 구분이 뚜렷하지 않았다. 즉, 문인과 무인의 역할을 동시에 수행하는 경우가 많았다.

성덕왕릉의 관검석인상은 무덤 앞에 양쪽으로 세워져 있었는데, 하나는 흔적만 남아 있는 상태이다. 그리고 네 마리의 석사자상은 왕릉을 호위하듯 네 방위에 둘러앉아 있다. 또 성덕왕릉 앞쪽에는 비석 받침인 귀부가 남아 있다. 비석의 몸돌이 사라지고 없는 상태라 그 내용은 알 수가 없다.

살아 움직이는 듯한 용

무열왕릉

김춘추는 진평왕의 둘째 딸인 천명공주의 아들이며, 부인은 김유신의 여동생 문희이다. 성골과 진골은 모두 왕족이지만, 초기의 골품제도하에서는 성골만 왕위에 오를 수 있었다. 하지만 김춘추는 김유신의 힘을 빌려 성골이 아닌 진골 출신으로는 최초로 왕위에 올라 무열왕이 된다.

무열왕은 백제 및 고구려와 전쟁을 치르면서 전제 왕권을 확립시킨다. 이런 과정에서 8세기 후반 혜공왕 때까지 무열왕의 직계 후손들이 왕위를 계승할 수 있었다. 따라서 무열왕부터 혜공왕까지의 시기를 '신라 중대 사회'라 부른다.

무열왕릉은 선도산 자락에 위치하고 있다. 경주에는 수많은 왕릉급 무덤들이 있지만, 그 무덤의 주인을 정확히 알 수 있는 무덤은 많지 않다. 대부분은 증거 없이 간단한 기록 등을 참고로 추정하고 있는 상황이다.

● 무열왕릉 | 서악동

하지만 무열왕릉은 무덤의 주인을 정확히 알 수 있는 증거가 있는 사례에 해당된다.

현재 무열왕릉에는 비석의 귀부와 이수가 남아 있다. 귀부는 거북이 모양으

경주, 역사를 품은 여행

로 된 비석의 받침돌을 말하며, 이수는 용이 새겨져 있는 머릿돌을 말한다. 내용이 새겨지는 비석의 몸체를 '비신'이라 하는데, 무열왕릉의 비신은 사라지고 없는 상태이다.

하지만 이수의 앞쪽 가운데 부분에 '태종무열대왕지비'라 새겨진 글자가 있어, 이 무덤의 주인이 '무열왕'임을 알 수 있는 증거가 된다.

무열왕릉비의 이수와 귀부는 신라의 예술품 중에서도 최고의 걸작으로 평가되고 있다. 받침돌인 귀부는 거북이가 머리를 치켜들고 힘차게 전진하고 있는 듯한 모습이다. 또 사실적으로 조각되어 있어 살아 움직이는 듯한 생동감을 준다.

일반적인 거북이의 발가락은 앞뒤가 모두 다섯으로 알고 있다. 그런데 무열왕릉의 귀부는 뒷 발가락이 넷으로 되어 있다. 이를 수차례 찾아

● 무열왕릉비 이수와 귀부 | 무열왕릉

● **귀부** | 거북이 뒷 발가락

간 후에야 알게 되었다. 문화재에 관심이 많다고 자부했지만, 신라 장인의 섬세함에는 미치지 못한다는 것을 느끼게 되는 순간이었다.

이처럼 뒷 발가락을 넷으로 한 것은 힘차게 전진하고 있다는 증거였다. 거북이가 앞으로 나아갈 때는 뒷발의 엄지발가락을 안으로 밀어 넣는 습성이 있어 넷으로 보인다. 그런 습성까지도 반영한 것에 감탄을 하게 된다.

머릿돌인 이수에는 앞면과 뒷면에 각각 한 쌍씩의 용이 여의주를 받들

● **무열왕릉비 이수** | 용 문양

고 있다. 그런데 측면에서 보면 양쪽에 3마리씩의 용머리가 조각되어 있다. 따라서 가운데 용은 몸체가 거의 없이 머리 부분을 중심으로 조각되어 있지만, 이수에는 총 6마리의 용이 조각되어 있는 셈이다.

사실 신라 최고의 걸작으로 알고 있었지만, 왜 최고의 걸작이라고 하는지 잘 몰랐다. 그러던 어느 봄날, 최고의 걸작이라고 하는 이유를 눈으로 실감하게 되었으며, 조각품은 빛의 예술이라는 것을 다시 깨닫게 되었다.

● 무열왕릉비 이수 | 용 문양

낮에는 전각 때문에 이수에 빛이 들어오지 않아 밋밋한 모습만 볼 수 있다. 나 역시도 수차례 갔었지만, 이런 밋밋한 모습만 봤던 것이다. 그런데 어느 봄날 일몰 시간에 이수에 빛이 들어오는 모습을 보는 순간, 나는 온몸에 전율을 느끼면서 흥분하기 시작했다.

용의 비늘이 사실적으로 표현되기 시작하면서 정말 살아 움직일 것 같은 힘이 느껴진 것이다. 또 여의주를 받치고 있는 모습, 발톱의 예리함, 발목의 근육질 등의 사실적인 모습을 보면서 감탄을 자제할 수 없었다.

이 이수를 만든 신라 석공은 조각품은 빛의 예술이라는 점을 정확히 알고 있었던 것이다. 즉, 생명력이 살아나는 빛의 방향을 정확히 계산하고 만든 것이다. 이처럼 치밀한 예술적 감각을 가진 신라 석공을, 나는 존경하고 있다.

서악동 3층 석탑

　무열왕릉 뒤쪽의 선도산 동쪽 기슭에는 진흥왕릉을 비롯한 왕릉들이 많이 분포되어 있다. 그리고 이 고분들 사이에는 통일 신라 시대에 만들어진 서악동 3층 석탑이 있다. 이 석탑은 일반인에게는 잘 알려지지 않은 탑이지만, 근래에 와서 봄에는 분홍빛 작약을 심고, 가을에는 코스모스 등을 심어 관광객의 발길을 부르고 있다.

　서악동 3층 석탑은 바닥에 긴 돌 4장을 깔아 기초로 삼았으며, 그 위에 크고 네모난 돌덩이 4개씩을 2단으로 쌓아서 육면체 형태의 기단을 만들

● 서악동 3층 석탑 │ 탑과 고분

● 서악동 3층 석탑 | 작약 축제

었다. 그리고 기단 윗면에는 몸돌을 받치기 위해 1장의 널돌을 두었다. 이런 형태의 기단부는 일반적인 모습을 벗어난 아주 특이한 경우이다. 우리가 흔히 알고 있는 모습과는 차이가 있지만, 경주 지역에서는 간혹 볼 수 있는 지역성을 반영하는 양식이다.

탑신부의 몸돌과 지붕돌은 각각 하나의 돌로 되어 있으며, 상륜부는 모두 없어진 상태이다. 1층 몸돌의 앞면에는 문비를 만들어 놓았으며, 문비 양쪽에는 금강역사 한 쌍이 조각되어 있다. 문비는 부처의 영혼이 드나드는 상징적인 문이다.

그리고 금강역사의 머리는 문비를 향해 안쪽으로 돌려서 서로 마주 보고 있는 것이 특징이다. 금강역사는 성스러운 곳에 사악한 것이 들어오는 것을 막는 수문장 역할을 한다. 따라서 사찰의 문이나 탑의 문 등에서 흔히 등장한다. 금강역사는 '인왕상'이라고도 한다.

● 서악동 3층 석탑 │ 서악동

　탑신부의 지붕돌은 윗부분인 낙수면과 아랫부분인 받침면으로 구성된다. 통일 신라의 석탑들은 일반적으로 받침면은 층층이 계단식으로 되어 있지만, 낙수면은 기와지붕을 연상케 하는 모양에 빗물이 잘 흘러내리도록 매끈하게 만들어 놓았다.

　그런데 서악동 3층 석탑은 낙수면도 층층이 계단식으로 조각되어 있는 것이 특이점이다. 경주 지역에 있는 이와 유사한 형태의 탑으로는 남산

경주, 역사를 품은 여행

● 금강역사 │ 서악동 3층 석탑

동 3층 석탑(동탑), 용장계 지곡 3층 석탑, 오야리 3층 석탑이 있다.

전탑이나 모전석탑은 벽돌이나 벽돌 모양의 돌로 쌓다 보니 낙수면이 층층이 계단식으로 만들어진다. 하지만 서악동 3층 석탑은 일반 석탑 계열이기 때문에, 지붕돌이 계단식으로 조각되어 있다고 해서 '모전석탑'이라고 지칭하는 것은 다소 어색한 표현이다. 따라서 서악동 3층 석탑은 모전석탑이라기보다는 '모전석탑 양식을 띤 석탑' 정도로 지칭하는 것이 적절할 듯하다.

전탑은 흙을 구워서 만든 벽돌로 쌓은 탑이며, 모전석탑은 돌을 벽돌 모양으로 다듬어서 쌓은 탑이다. 모전석탑은 전탑을 모방했다고 해서 붙여진 이름이다.

물론 기단부와 낙수면을 봤을 때, 일반적인 석탑 형식도 아니고 전탑

● 서악동 3층 석탑 | 서악동

● 서악동 3층 석탑 | 서악동

경주, 역사를 품은 여행

형식도 아닌 독특한 제3의 양식임에는 틀림없다. 서악동 3층 석탑과 같은 이런 특이한 양식의 탑은 경주 지역이 아닌 다른 곳에서는 보기 드문 경우이다. 따라서 이런 양식의 탑은 경주의 지역성을 강하게 보여 주는 대표적인 사례이다.

　서악동 3층 석탑은 잘 알려지지 않은 탑이지만, 소박하면서도 절제된 아름다움을 보여 주는 탑이다. 또한, 주변에 있는 고분과도 잘 어우러지는 모습이다. 언뜻 탑과 고분은 어울리지 않는 조합이라고 생각될 수도 있다. 하지만 이곳에서는 고분의 곡선미와 석탑의 고졸한 멋이 조화를 이루어 아름다움을 극대화한다.

율동 마애여래삼존입상

서악동 무열왕릉에서 KTX 신경주역 방향으로 약 2㎞ 정도를 가면 왼편에 두대마을 표지석이 보인다. 내비게이션에는 '두대경로당'으로 검색하면 된다. 여기서부터는 이정표를 보면서 길이 끝나는 곳까지 가면 주차장이 나온다. 주차 후 약 5분 정도만 산길을 오르면 율동 마애여래삼존입상을 만날 수 있다.

율동 마애여래삼존입상은 자연석을 깎아서 돋을새김으로 세 분의 불상을 새겨 놓은 것이다. 가운데 있는 본존불은 아미타불이며, 좌우 협시보살은 관세음보살과 대세지보살이다.

아미타불은 양쪽 어깨를 모두 덮은 옷차림새인 통견을 하고 있다. 그리고 삼존불 모두 발을 바깥쪽으로 벌리고 서 있는 것이 특이점이다. 아미타불은 서방 극락정토를 다스리면서 중생들이 죽으면 극락으로 인도하는 부처님이시다.

삼존불 위쪽에는 가로로 홈을 파 놓았는데, 빗물이 불상 쪽으로 흘러내리지 않도록 하기 위한 것이다. 그리고 언뜻 보면 최근에 만든 불상처럼 깨끗해 보인다. 이것은 이끼가 있으면 불상이 부식될 수 있어 보존 처리를 위해 세척 작업을 했기 때문이다.

이 불상은 보물로 지정될 만큼 문화재적 가치가 인정되지만, 그다지 유

● 율동 마애여래삼존입상 │ 율동 두대마을

명하지 않아 찾는 사람이 많지 않다. 따라서 인적이 드물어 고즈넉한 분위기를 느끼기에는 아주 좋다. 한적하기에 삼존불과 대화를 나눌 수 있어 외롭지 않고, 또 수시로 변화하는 얼굴 표정을 마음껏 느낄 수 있는 곳이다.

남중고도가 높은 계절에는 주변의 나무들에 의한 그림자가 드리워지지 않는 깔끔한 사진을 담을 수 있다. 또한, 가을은 가을 나름대로의 운치가 있다. '율동'이라는 이름처럼 밤송이가 익어 가는 모습을 볼 수 있고, 가을 기온을 느끼면서 나무 그늘이 드리워진 사이로 웃는 부처님을 만나 볼 수도 있다.

조용하면서도 부처님의 자비로운 모습을 볼 수 있어 언제나 찾아가도 마음이 편안해지는 곳이다. 그래서 다가오는 주말에도 한참을 머물다 올 계획이다.

김유신묘

김유신은 신라를 대표하는 인물이지만, 왕이 아니었기 때문에 무덤명을 '김유신묘'라고 한다. 김유신묘에는 2기의 비석이 서 있다. 조선 숙종 때 세운 왼편 비석에는 '신라 태대각간 김유신묘'라고 새겨져 있다.

그런데 1930년대 후손들이 세운 오른편 비석에는 '개국공 순충장렬 흥무왕릉'이라고 되어 있다. 김유신은 흥덕왕 때 흥무대왕으로 추봉을 받았다. 하지만 실제로 왕은 아니었기 때문에 처음에 이 비석을 세울 때는 흥무왕'묘'라고 썼는데, 1970년대 누군가에 의해 흥무왕'릉'으로 바뀌어 버렸다. 즉, '墓(묘)' 자를 시멘트로 메우고 다시 '陵(릉)' 자로 고쳐 새긴 것이다. 글자를 바꾼 사람의 입장에서는 왕으로 추봉되었기 때문에 '陵(릉)'

● 김유신묘 | 충효동

● 김유신묘 │ 충효동

으로 하고 싶었던 것 같다.

맑은 날은 '陵'으로 보이지만, 여기에 물을 묻히면 시멘트 부분인 '墓'가 진하게 겹쳐 드러나게 된다. 그래서 이 현상을 두고 김유신 묘비의 신비라며 떠들썩했던 때가 있었다.

김유신묘의 특징은 돌담 같은 둘레돌 대신에, 판석을 세워 돌리고 그 판석면에 십이지신상을 새긴 호석이 있다는 것이다. 또 무덤 주위에 돌난간을 두르고 있다. 십이지신상이 조각된 무덤은 우리만의 독특한 양식으로, 벌써 이 시기에 우리나라에 십이지신상의 개념이 있었음을 알 수 있다.

김유신묘의 십이지신상은 평상복을 입고 있으면서 무기를 들고 있는 것이 특이점이다. 다른 무덤의 십이지신상은 갑옷을 입고 있는 무인상을 하고 있다. 또한, 십이지신상이 들고 있는 무기와 형태가 갖가지로 다양하게 표현되어 있음을 알 수 있다. 그래서 자세히 들여다볼수록 더 큰 매력을 느끼게 될 것이다.

김유신은 제30대 문무왕 때인 673년에 사망했지만, 십이지신상 등 석물을 갖춘 시기에 대해서는 여러 가지 견해가 있다. 제42대 흥덕왕 때 흥무대왕으로 추봉되고 왕릉급 무덤으로 재정비되면서 십이지신상을 두른 호석이 만들어졌다는 견해가 있다.

또 조각 기법으로 봐서는 공신을 보내어 장군의 무덤에 사과를 했던 제36대 혜공왕 때라는 견해도 있다. 어쨌든 김유신 사망 당시에 십이지신

● 김유신 묘비 | 충효동

● '陵' 자 모습

● '陵·墓' 겹친 모습

경주, 역사를 품은 여행

상 등 석물이 갖추어지지 않았다는 것은 일반적인 견해이다.

● 십이지신상 │ 김유신묘

그렇다면 김유신묘에 사과를 한 사연은 무엇일까? 혜공왕 때, 김유신의 혼령은 회오리바람이 되어 최초의 김씨 왕인 미추왕릉을 찾아갔다. 자신의 후손들이 홀대를 받고 있는 것에 대해 서운함을 토로하고, 다시는 나라를 위해 힘쓰지 않겠다고 했다. 이에 미추왕의 혼령은 김유신 혼령의 노여움을 달래고자 했다. 이 이야기를 들은 혜공왕은 김유신의 묘소로 공신을 보내어 사과를 했던 것이다.

김유신과 미추왕의 혼령에 대한 이야기는 사실 그대로 받아들이기엔 무리가 있다. 하지만 신라 내부의 정치적·사회적 분열을 치유하고 화합시키고자 하는 힘과 명분을 이 두 사람에게서 찾고자 했던 것이다. 따라서 이들이 신라의 역사 속에서 얼마나 대단한 위상을 가지고 있었는지를 알 수 있다.

나원리 5층 석탑

나원리 5층 석탑은 경주 시내에서 조금 벗어난 현곡면 나원리에 위치하고 있다. 경주 시내는 많은 사람들이 찾는 곳이라 번잡하지만, 이 탑은 한적한 곳에 있어 마음에 평온함을 주는 듯하다.

통일 신라의 석탑 형식은 감은사지 3층 석탑에서 시작하여 불국사 3층 석탑으로 변화해 간다. 감은사지 3층 석탑은 웅장하고 당당한 남성적인 기품이 느껴지며, 불국사 3층 석탑은 간소하면서도 세련되고 균형과 비례가 맞는 아름다움이 느껴진다.

나는 나원리 5층 석탑을 보면서 감은사지 3층 석탑의 웅장함과 불국사 3층 석탑의 세련미와 균형미를 느끼게 된다. 사실 웅장하면서 세련되기는 쉽지 않다. 하지만 이 석탑에서는 2가지를 모두 충분히 느낄 수 있다.

나원리 5층 석탑은 상륜부가 없는 상태이지만, 높이가 9.76m로 큰 석탑에 속한다. 또 화려한 장식 없이 간소하지만 단순하고 절제된 조형미에서 세련미를 느끼게 되고, 비례와 균형이 맞아 아름다움이 극대화된 석탑이다.

통일 신라의 석탑은 3층이 기본이지만, 나원리 석탑은 3층 석탑의 범주에서 벗어난 5층 석탑이라는 점에서 독특하다. 그리고 탑신부는 1층의 지붕돌과 몸돌은 상대적으로 크며, 위로 올라갈수록 작아지게 만들었다.

● 나원리 5층 석탑 | 현곡면 나원리

따라서 큰 석탑이지만 날렵하면서도 가볍게 보여 편안함을 느끼게 한다.

나원리 5층 석탑은 이끼가 끼지 않는 것으로 유명하다. 8세기에 조성된 탑이지만, 마모된 흔적도 없이 최근에 만든 석탑 같은 느낌이 들 정도로 깨끗하고 정갈하다. 또 천년 이상의 세월이 흘렀지만, 상륜부를 제외하면 원형이 잘 보존되어 있다.

그리고 이 석탑은 이끼가 끼지 않아 매끈하기 때문에 흰 빛으로 빛난다하여 '나원백탑'이라 불리며, 이는 경주 팔괴 중 하나에 속한다. '경주 팔괴'는 경주에 있는 여덟 가지의 괴이한 풍광을 말한다. 이 탑은 유난히도

● 나원리 5층 석탑 | 현곡면 나원리

우유 빛깔을 띠고 있는데, 다른 석탑에서는 보기 드문 특징이다.

경주에는 도굴꾼들이 판을 치던 시절이 있었다. 그런 시련을 겪으면서 많은 문화재들이 파손되고 도굴되었다. 하지만 나원리 5층 석탑은 도굴되지 않은 상태였기 때문에, 1996년 수리를 위해 해체했을 때, 금동불입상과 금동탑 등 많은 유물이 발견되었다.

봄이 되어 벚꽃이 피게 되면 경주 시내는 전체가 화려한 벚꽃으로 꽃잔치가 벌어진다. 그리고 벚꽃 엔딩이 되고 나면 나원리 5층 석탑에는 풍성한 겹벚꽃이 화려하게 피기 시작한다. 하지만 외진 곳이라 관광객의 관심을 받지 못한다.

그래서 나는 겹벚꽃이 필 때의 나원리 5층 석탑을 더욱 좋아한다. 다른

경주, 역사를 품은 여행

● 나원리 5층 석탑 | 현곡면 나원리

사람의 영향을 받지 않고 오로지 혼자만의 꽃잔치를 벌일 수 있기 때문이다. 나원백탑과 겹벚꽃의 어우러짐이 너무 좋다.

양동마을

경주의 양동마을은 안동의 하회마을과 더불어 유네스코 세계유산에 등재되어 있는 문화유산이다. 양동마을과 하회마을은 세시풍속과 관혼상제 등 마을의 전통이 오랜 세월 동안 온전하게 지속되고 있기 때문이다. 주민들이 실제로 살고 있는 마을이 세계문화유산에 등재된 것이 특이점이라고 할 수 있다.

우리나라는 세계문화유산에 13곳, 세계자연유산에 2곳이 등재되어 있

● 무첨당 │ 양동마을

● 양동마을 | 강동면

다. 그래서 유네스코 세계유산에 등재된 곳은 총 15곳이 된다. 세계자연유산에 등재되어 있는 2곳은 한국의 갯벌 그리고 제주 화산섬과 용암동굴이다.

간혹 세계문화유산과 세계유산을 혼동해서 같은 의미로 사용하는 오류를 범하는 경우를 본다. 세계유산은 세계문화유산과 세계자연유산 그리고 세계복합유산을 합친 것이다. 복합유산은 문화유산과 자연유산의 특징을 동시에 지닌 유산을 말한다.

양동마을에서 가장 오래된 가옥은 서백당이다. 서백당은 약 500년 전에 월성 손씨 손소라는 사람이 지은 집이다. 손소의 딸과 여강 이씨 이번이라는 청년이 혼인을 하면서 서백당에서 처가살이를 하게 된다. 조선

● 양동마을 ㅣ 강동면

초기까지는 남자들이 결혼 후 처가살이를 하는 경우가 종종 있었다. 그리고 이번이 자식을 낳고 분가를 하면서 지은 집이 무첨당이며, 두 사람 사이에서 태어난 아이가 바로 이언적이다. 무첨당은 현재 이언적 후손들이 살고 있는 종가집이다.

이언적이 과거에 급제해 관직으로 진출한 후 경상도 관찰사로 부임했던 적이 있다. 이때 중종은 이언적에게 병든 노모 봉양을 위해 집을 한 채 하사했는데 그 가옥이 향단이다.

이언적이 한양으로 복귀한 뒤 향단에는 동생 이언괄이 거주하게 되었으며, 여강 이씨 향단파 종가로서 지금까지 이언괄의 후손들이 살고 있다. 향단은 향나무가 있어 붙여진 이름이다. 또 양동마을은 마을 곳곳에서 수령이 오래된 향나무를 쉽게 볼 수 있는 것이 특징이다.

경주, 역사를 품은 여행

● 향단 | 양동마을

　선비들이 머무는 곳에는 향나무를 심는 경우가 흔히 있다. 그 이유는
뭘까? 향나무는 향이 진하여 잡벌레들이 달라붙지 않는다. 청렴결백을
강조하는 선비들에게 아첨하는 자나 부정한 자들이 달라붙어서는 안 된
다. 이렇듯 향나무도 청렴결백을 강조하는 선비정신을 상징하여, 서원이
나 향교 또는 선비가 머무는 곳에 많이 심은 것이다.

독락당

　양동마을에서 조금 떨어진 안강읍 옥산리에 있는 독락당은 이언적이 김안로의 등용을 반대하다가 미움을 받아 관직에서 파직당하고 고향으로 낙향하여 지은 사랑채이다. 이언적은 이곳에서 성리학을 깊이 있게 연구하면서 후진을 양성하였다.

　독락당의 정문인 솟을대문을 들어서면 처음으로 만나는 건물이 경청재이다. 이 경청재 오른편에 있는 문으로 들어가면 독락당이 나온다. 독락

● 경청재 ｜ 독락당

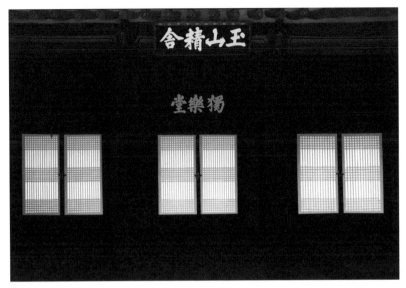

● 옥산정사 | 독락당

당의 중심 건물에는 옥산정사라는 현판이 걸려 있는데, 이는 이황이 쓴 친필이다.

그리고 이 건물의 지붕을 자세히 보면 비대칭으로 되어 있는 것을 알수 있다. 이언적이 기거했던 가옥에서는 이런 비대칭의 구조를 흔히 접할 수 있는 것이 특징이다. 즉, 정해진 틀에 갇혀 있는 것이 아니라 자유분방한 모습과 개성을 살린 모습이다. 이런 모습을 보면서 나는 포용력을 배우기도 한다.

안쪽 건물에는 양진암과 계정이라는 현판이 걸려 있다. 계정은 말 그대로 '계곡에 있는 정자'라는 뜻이므로, 계곡의 흐르는 물과 경치를 잘 감상할 수 있도록 지어 놓았다. 계정에서는 마루를 최대한 계곡 쪽으로 내밀기 위해 까치발 기둥을 세운 것이 눈여겨볼 만하다.

● 계정 | 독락당

　건물을 제대로 느끼기 위해서는 마루에 올라가서 경치를 바라보는 것도 중요하고, 또 바깥에서 그 건물을 바라보는 것도 필요하다. 그러니 계곡 아래로 내려가 계정을 바라보면서 정자와 경치를 감상하고 또 자연과의 조화를 느껴 보길 바란다. 계곡에서 계정을 바라보면 인지헌이라는 현판이 걸려 있다.

　또 눈여겨볼 만한 것은 양진암이다. 양진암(養眞庵)에서 '庵(암)'은 사찰 암자를 의미하는 글자이다. 조선 시대는 유학이 중심이 되는 사회이므로 불교가 탄압을 받던 시대이다. 그러면 어떤 연유로 대유학자가 기거하는 독락당에 암자, 즉 불교를 의미하는 건물이 들어온 것일까?

　이언적은 유학자이지만 근처에 있는 정혜사의 스님과 활발한 교류를 했다. 그래서 스스럼없이 언제든지 찾아와서 머물 수 있도록 하기 위해

　　　　　　　　　　　경주, 역사를 품은 여행

● 계정에서 본 양진암 │ 독락당

정혜사 스님에게 방을 한 칸 내어 준 것이다. 바로 양진암의 주인은 정혜
사 스님이라는 의미이다. 여기서 또 대인배의 포용력을 느낀다.

　독락당 정문에는 솟을대문이 높이 솟아 있다. 이 솟을대문만 보더라도
이 집의 규모를 짐작할 만하다. 그리고 솟을대문 앞에는 오래된 벚나무
가 한 그루 서 있다. 봄이 되어 벚꽃이 만개하면 솟을대문과 어우러져 한
폭의 그림을 만들어 낸다. 그래서 나는 벚꽃이 휘날리는 따뜻한 봄이 되
면 어김없이 찾아가곤 한다.
　사실 독락당 솟을대문 앞에는 매화나무가 있는 것이 더 잘 어울리는
조합일 수도 있다. 매화나무는 선비들이 머무는 곳에 많이 심었기 때문
이다.

● 솟을대문 | 독락당

● 벚나무 | 독락당

경주, 역사를 품은 여행

선비들은 열매보다는 꽃과 향기를 목적으로 매화나무를 심는다. 은은한 향기를 느끼기 위해 한 그루만 심어서 감상하는 것이다. 또 매화는 화려한 곳에서 피는 것이 아니라 외딴곳에서 홀로 조용히 피면서 멀리까지 향기를 퍼트려 은둔하는 선비를 상징하기도 한다.

그런데 독락당에는 벚꽃이 매화를 대신하고 있다. 벚꽃은 대부분 많은 나무들이 무리 지어 있는 곳이 예쁘다. 하지만 독락당의 벚꽃은 한 그루지만 일당백의 역할을 하는 것 같아 내가 좋아하는 곳이다.

매화를 보면서는 흐트러진 마음을 다시 가다듬게 되는 계기로 삼곤 하지만, 벚꽃을 보면서는 힘들었던 지난 시절을 보상이라도 받는 듯 따스한 봄날의 활기를 즐기게 된다. 언뜻 비슷해 보이지만 꽃마다 느끼게 되는 감정이 다른 것처럼, 벚꽃과 매화는 아름다움을 느끼게 되는 시기도 다르다. 꽃에 대한 의미를 되새기니 문득 시인이 된 것처럼 시가 떠오른다.

참 예쁘다

매화는 반쯤 폈을 때 참 예쁘고
벚꽃은 활짝 폈을 때 참 예쁘다
하지만 나의 임은 언제 보아도 참 예쁘다

옥산서원

독락당에서 개울을 건너면 옥산서원이 나온다. 옥산서원은 이언적이 죽고 나서 제자들이 선생의 업적을 기리고 제사를 지내기 위해 세운 것이다. 조선 시대의 초등교육기관은 서당이며, 중등교육기관은 서원과 향교, 고등교육기관으로는 성균관이 있다.

서원과 향교의 공통점은 교육기관이면서 제사 기능을 가지고 있다는 것이다. 차이점은 서원은 사립학교이며, 향교는 국립학교라는 점이다.

● **무변루** | 구인당에서 본 모습

● 무변루 │ 역락문에서 본 모습

또 제사 기능에서도 서원에서는 자신들이 존경하는 선현에 대해서 제사를 지내기 때문에, 각각의 서원들에서 배향하는 선현이 다르다. 그래서 각 서원마다 사당의 이름도 다르다.

● 수로 │ 옥산서원

향교에는 반드시 공자의 위패를 모신 문묘가 있다. 즉, 모든 향교에는 공자의 사당인 대성전이 있다. 물론 공자만 모시는 것은 아니다. 공자 이외에 향교의 특성에 따라 여러 명의 선현을 모시고 있다.

옥산서원의 정문은 역락문이다. 역락문을 들어서면 인위적으로 계곡물을 끌어다가 만든 수로가 있다. 이는 물을 건너면서 마음가짐을 새롭게 하고 몸가짐을 단정히 하라는 경계로 삼기 위한 것이다. 즉, 서원에 들어와서는 행동을 함부로 하지 말라는 의미이다.

그리고 나오는 건물이 무변루이다. 1층은 사람들이 드나드는 문이며, 2층은 누마루로 되어 있다. 서원의 강당 앞에 있는 누마루는 일반적으로 개방적인 구조로 되어 있으나, 무변루의 누마루는 폐쇄적인 구조로 되어 있는 것이 특이점이다. 누마루 양쪽에는 방이 있으며, 중앙부 앞쪽에는 문이 달려 있다. 이는 다른 서원에서는 볼 수 없는 구조이다.

마당 양쪽에는 유생들이 기거하는 기숙 공간이 있다. 동재인 민구재와 서재인 암수재가 있으며, 일반적으로 선배들이 동재에 머물게 된다. 공

● 체인묘 | 옥산서원

경주, 역사를 품은 여행

● 구인당 │ 옥산서원

부를 하는 강학 공간인 강당의 이름은 구인당이며, 구인당 뒤편 높은 곳
에는 이언적의 사당인 체인묘(體仁廟)가 있다. 일반적으로 사당의 이름
에는 '祠(사)'가 붙지만, 옥산서원에서는 '祠(사)' 대신 '廟(묘)'를 쓰고 있
다. '廟' 자를 쓰는 것은 '祠' 자보다 한층 격이 높다는 의미가 된다.

  이언적과 관련된 건물들의 현판들 중에는 '구인당'과 '체인묘' 그리고 독
락당의 계정에 붙어 있는 '인지헌' 등과 같이 '仁(인)' 자가 포함된 경우가
종종 있다. '仁'은 성리학의 중심 덕목인 인·의·예·지·신 중에서도
으뜸이다. 여기서 느낄 수 있는 것은 이언적은 '仁(인)'을 중요시했다는
것이다.

  옥산서원의 현판에는 재미있는 사연이 있다. 선조가 옥산서원에 보낼

● 옥산서원 현판 | 김정희 글씨

현판을 쓰기 위해 당대 최고의 명필가인 한호를 불렀다. 하지만 최고 권력자인 영의정 이산해도 명필가로 알려져 있었기 때문에, 젊은 한호의 입장에서는 선뜻 수락하기 어려웠던 모양이다.

한호는 선조에게 이산해가 써야 한다며 정중히 거절했고, 선조도 그런 상황을 알아채고 이산해에게 현판을 쓰게 했다. 그 대신 건물 명칭의 현판들은 한호가 쓰게 된 것이다. 구인당과 무변루 그리고 역락문의 현판은 한호의 글씨이다.

이산해는 『토정비결』로 유명한 토정 이지함의 조카이다. 사실 한석봉은 잘 알지만, 한호는 생소하게 느끼는 경우가 많을 것이다. 한호의 호가 '석봉'이다.

일반적으로 현판들은 검은 바탕에 흰 글씨로 되어 있다. 하지만 옥산서

경주, 역사를 품은 여행

● 옥산서원 현판 | 이산해 글씨

원 현판은 흰 바탕에 검은 글씨로 되어 있다. 이는 다른 서원에 비해 격이 높음을 보여 주는 것이다.

옥산서원에는 다른 서원에 비해 특이한 점이 많다. 구인당에는 옥산서원 현판이 앞쪽과 안쪽에 2개 붙어 있다. 다른 서원에서는 흔치 않은 일이다.

1839년에 구인당이 소실되어 다시 지으면서 헌종이 당대의 최고 명필가인 추사 김정희에게 현판을 다시 쓰게 했다. 이때 추사가 쓴 현판을 바깥에 걸고, 이산해가 쓴 현판은 안쪽에 걸게 되었다. 이로써 옥산서원은 명필가들이 쓴 현판의 전시장을 연상케 할 정도로 화려해진 것이다.

정혜사지 13층 석탑

옥산서원과 독락당을 지나 마을 끝자락으로 가면 통일 신라 때 만들어진 정혜사지 13층 석탑이 있다. 높이가 5.9m로 높은 편에 속하는 탑은 아니지만, 우리나라에서 층수가 가장 높은 탑이다. 남한에서는 정혜사지 석탑이 13층으로서는 유일하다. 경천사지 10층 석탑과 원각사지 10층 석탑이 그다음으로 층수가 높다.

일반적인 석탑은 네모난 돌을 다듬어 기단을 쌓고 그 위에 탑신을 올린

● 정혜사지 13층 석탑 ㅣ 안강읍 옥산리

● 정혜사지 13층 석탑 | 안강읍 옥산리

다. 그런데 정혜사지 13층 석탑의 기단은 가장자리에 자연석 돌을 쌓고 그 안에 흙을 채운 토단으로 되어 있다.

또 탑신부는 1층의 몸돌과 지붕돌은 거대하지만, 2층부터는 몸돌과 지붕돌이 급격히 작아진다. 오히려 1층의 규모가 상대적으로 비대하기 때문에 위층의 탑신부를 안정적이고 균형감 있게 받쳐 주는 듯하다.

정혜사지 13층 석탑은 유래를 찾아보기 어려울 만큼의 독특한 양식이며, 작지만 기품이 당당하기 때문에 홀로 서 있어도 외롭지 않은 탑이라는 생각이 든다. 그래서 나는 이 탑을 작지만 작지 않은 탑이라고 이야기한다.

아름다운 소나무 숲을 지켜 낸

흥덕왕릉

흥덕왕은 김유신을 '흥무대왕'으로 추봉했으며, 장보고를 청해진 대사로 임명했던 왕이다. 흥덕왕릉은 옥산서원과 멀지 않은 안강읍 육통리에 위치하고 있으며, 신라 왕릉 중에서 화려하고 발달된 능묘에 속하는 무덤이다.

흥덕왕릉에는 화려하면서도 사실적으로 표현되어 있는 십이지신상이 둘레돌에 조각되어 있다. 십이지신상은 갑옷을 입고 있는 무인상을 하고

● 관검석인상 | 흥덕왕릉

● 십이지신상 | 흥덕왕릉

● 관검석인상 | 흥덕왕릉

　　　　　　　　경주, 역사를 품은 여행

● 호인상 | 흥덕왕릉

있으며, 또 들고 있는 무기와 형태가 갖가지로 다양하게 표현되어 있음을 알 수 있다.

전성기가 되면서 석인상과 석사자상으로 화려하게 치장한 무덤들이 등장한다. 석인상은 무인석과 문인석으로 구분해 왔다. 그런데 무인석이라 부르던 석상은 오랑캐라는 의미에서 '호인상'이라 부른다. 서역인을 닮은 듯한 호인상은 원성왕릉, 헌덕왕릉, 흥덕왕릉에서 볼 수 있다. 호인상을 통해서 이 시기에 서역과도 활발한 문물 교류가 있었음을 알 수 있다.

문인석이라 부르던 석상은 '관검석인상'이다. 중국풍의 이 사람은 머리에 보관을 쓰고 있어 문관 관리라는 느낌이 든다. 그런데 입은 옷이 갑옷이며, 자세히 보면 칼을 세워서 잡고 있다. 문인이면서 검을 든 무인이라는 의미에서 '관검석인상'이라 한다.

사실 고대 사회에서는 문인과 무인의 역할 구분이 뚜렷하지 않았다. 즉 문인과 무인의 역할을 동시에 수행하는 경우가 많았다. 따라서 관검석인상을 문인석이라 부르는 것은 어색한 표현이다.

● 석사자상 │ 흥덕왕릉

　관검석인상은 중국의 영향을 받은 것으로 성덕왕릉, 원성왕릉, 흥덕왕릉에서 볼 수 있다. 흥덕왕릉의 호인상과 관검석인상은 무덤 앞에 양쪽으로 한 쌍씩 배치되어 있다.

　석사자상은 성덕왕릉, 원성왕릉, 흥덕왕릉에서 볼 수 있다. 흥덕왕릉은 네 마리의 사자가 무덤 주위를 호위하듯 둘러앉아 있으며, 아주 사실적으로 표현되어 있는 것이 특징이다.

　신라 왕릉 주위에는 오래된 소나무 숲이 형성되어 있는 경우가 많다. 특히, 흥덕왕릉은 입구에서 소나무 숲을 지나야 왕릉 영역이 나온다. 소나무로 둘러싸여 있어 평온한 느낌을 주며, 소나무 숲이 왕릉을 지키고 있는 듯해 보인다.

　　　　　　　　　　　　　　　　　　경주, 역사를 품은 여행

● 안개 낀 소나무 숲 │ 흥덕왕릉

하지만 왕릉이 없었다면 일제 시대 등을 거치면서 전국적으로 소나무를 벌목할 때, 왕릉 주위의 소나무도 사라졌을지 모른다. 왕릉처럼 신성시되는 곳 주위의 나무는 함부로 취급하지 않았기 때문에 살아남았을 것으로 추정된다. 그래서 소나무가 왕릉을 지키는 것이 아니라, 왕릉이 소나무를 지키고 있는 셈이 되는 것이다.

흥덕왕릉은 봄과 가을에 일교차가 클 때, 일출 시간에 가면 안개가 자욱한 소나무 숲을 볼 수도 있다. 흥덕왕릉의 안개 낀 소나무 숲은 과연 장관이다. 짙은 안개가 끼는 날이 많지는 않지만, 다른 왕릉에서는 볼 수 없는 아름다움을 느낄 수 있다. 그래서 나는 흥덕왕릉의 소나무 숲을 아주 좋아한다. 그 매력을 느껴 봤으니까.

● 붉게 물든 소나무 숲 ㅣ 흥덕왕릉

그리고 12월 동지쯤의 일출 시간에 잠깐 동안 소나무 숲이 붉은 햇살을
받아서 붉게 물드는 현상이 나타나는 경우가 있다. 1년을 마무리하는 시
기에 자연이 인간에게 주는 선물처럼 변화무상함을 보여 준다. 이런 현
상은 다른 소나무 숲에서는 보기 어려우며, 흥덕왕릉만이 가지고 있는
또 하나의 매력이다.

그리고 경주에는 수많은 왕릉급 무덤들이 있지만, 그 무덤의 주인을 정
확히 알 수 있는 무덤은 많지 않다. 대부분은 증거 없이 간단한 기록 등
을 참고로 추정하고 있는 상황이다. 하지만 무열왕릉과 흥덕왕릉은 그
무덤의 주인을 정확히 알 수 있는 대표적인 사례에 해당된다.

흥덕왕릉 앞쪽에는 현재 귀부가 남아 있다. 규모가 굉장히 큰 편에 해

● 귀부 | 흥덕왕릉

당되지만, 머리 부분은 형체를 알 수 없을 정도로 누군가가 의도적으로 파손한 듯하다. 하지만 귀부 근처에서 비석의 조각들이 일부분 발견되었다. 그 파편에 적힌 글자 중에서 '흥덕'이라는 글자가 나온다. 이를 바탕으로 이 무덤의 주인이 '흥덕왕'임을 알게 된 것이다.

고대 사회의 왕릉에서는 비석이나 무덤 속에 넣어 두는 지석이 있는 경우가 극히 드물기 때문에 현재로서는 대부분 추정할 수밖에 없는 것이 한계점이다.